本书获江苏省历史学会谱牒与家族文化分会二〇二四年度第二届优秀文献资料奖一等奖

冠群柳宝诒先生年谱

柳蕴毅
鲍汉祖
编撰

东南大学出版社　南京

图书在版编目（CIP）数据

冠群柳宝诒先生年谱 / 柳蕴毅，鲍汉祖编撰.
南京：东南大学出版社，2025.7. -- ISBN 978-7-5766-2232-4
Ⅰ. K826.2
中国国家版本馆CIP数据核字第2025GG6325号

责任编辑：陈潇潇　　责任校对：张万莹　　封面设计：余武莉　　责任印制：周荣虎

冠群柳宝诒先生年谱
GUANQUN LIU BAOYI XIANSHENG NIANPU

编　　撰	柳蕴毅　鲍汉祖
出版发行	东南大学出版社
社　　址	南京市玄武区四牌楼2号（邮编：210096）
出 版 人	白云飞
经　　销	全国各地新华书店
印　　刷	广东虎彩云印刷有限公司
开　　本	700mm×1000mm　1/16
印　　张	10.75
字　　数	160
版　　次	2025年7月第1版
印　　次	2025年7月第1次印刷
书　　号	ISBN 978-7-5766-2232-4
定　　价	58.00元

东大版图书若有印装质量问题，请直接与营销中心联系。电话（传真）：025-83791830

清·柳宝诒 像

元参肉￥草决明￥连翘￥
蒲公英￥小通桔梗￥艾叶穗子￥
山栀￥生甘草￥金银花￥
密蒙花￥

加 葱花头一根
二帖

处方笺

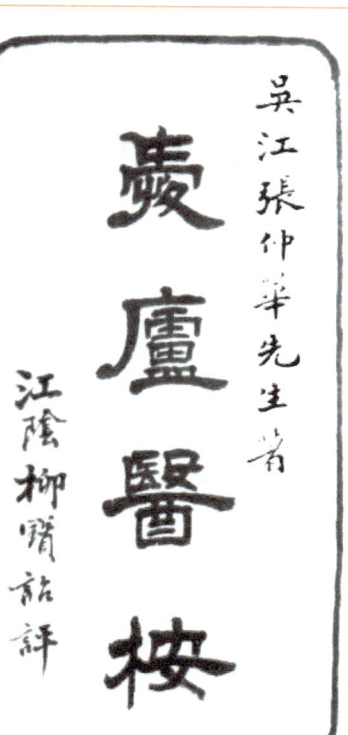

吴江张仲华先生著
虙廬醫桉
江陰柳贤祜評

右虙廬醫案若干條皆江張大瓐仲華
所著也仲華與先特人以簡術馳名江淅
閒原刻上下兩卷共一百餘案咸豐時剞
劂板於甲午歲燬於兵燹傳本甲午
夏詒於友人案頭得見鈔本假歸讀之
兆其論病洪棨思路深細用法精到頗

书稿

印章

《柳选四家医案》翁同龢序及跋

叙

智之所以知世变者，类能稽
天地洞阴阳，参酌古今之
宜，而不为物所囿，治世宜
然，治身亦然。江阴
柳毂孙先生博雅君子
人也，喜藏书通辞章
训诂，而尤粹于医，名满

证介吴犗鋭意著书不辍
读其书奥衍明辨数人
所未发，书凡数十卷，其已
纂者曰温病逢源，专明伏
气与暴感之同异，谓暴
感之温三焦病也，叶香岩
吴鞠通之说备矣，伏气之
温六经病也，而人多棘擬

「跋手稿前後各一，此為前稿」

於法為疏於文為闕故推
本而極論之又輯近人醫
案且疏且訂未嘗墨守一
說信乎通人之書矣余不
解方書顧嘗與先生上下
其議論又數過散墩指盧
在萬樹梅花之側而又
惜其終老藝事不克一
用於世也既感槩而書之
光緒三十年四月常熟翁同龢

敦問醫案何自昉乎足下
有診籍扁鵲倉公傳所
記是也曰驗乎曰古今異
宜其量齊品物不可以一
蓋斟酌變則
柳先生何以輯醫案也
曰時近而難違時近則
陰陽診氣不相殊解頭

別文字淺近而易曉且
立論權衡正確審量而出
蓋非女方不多涉令病卽
今病止未可概為今方
治近所輯以家今先
驟見會王張四家其
弟子王君吉臣柳君
頌艤金君蘭升匄贊

咸之諸君守師法焉
風義甚篤厚
先生之德者余不知
醫而金君速余文乃
湯書之以貽世之善
讀書者時
光緒甲辰四月翁印麟

『跋手稿前后各一，此为后稿』

四家醫案跋

或問醫案古有之乎曰古有診籍扁鵲倉公傳所記是也曰驗乎曰古今不同其品齊輕重不可得而意也然則柳先生奚為輯是書也曰時近而文顯時近則陰陽之診同文顯則質直而為曉折且尚摧微眇釋量而出不蕩其自為之也

先生所輯者八家今先刊者四種其門人王君吉臣柳君頌餘金君蘭升句資戚之王君守師法萬風義良芝稱述金君屬贅叙於余之不知醫勉贅數語以質世之善讀書者時
光緒甲辰四月
　　　　常熟翁同龢

光緒歲次己亥孟春

柳戢眛堂内
歗膏月物目

德清俞樾署檢

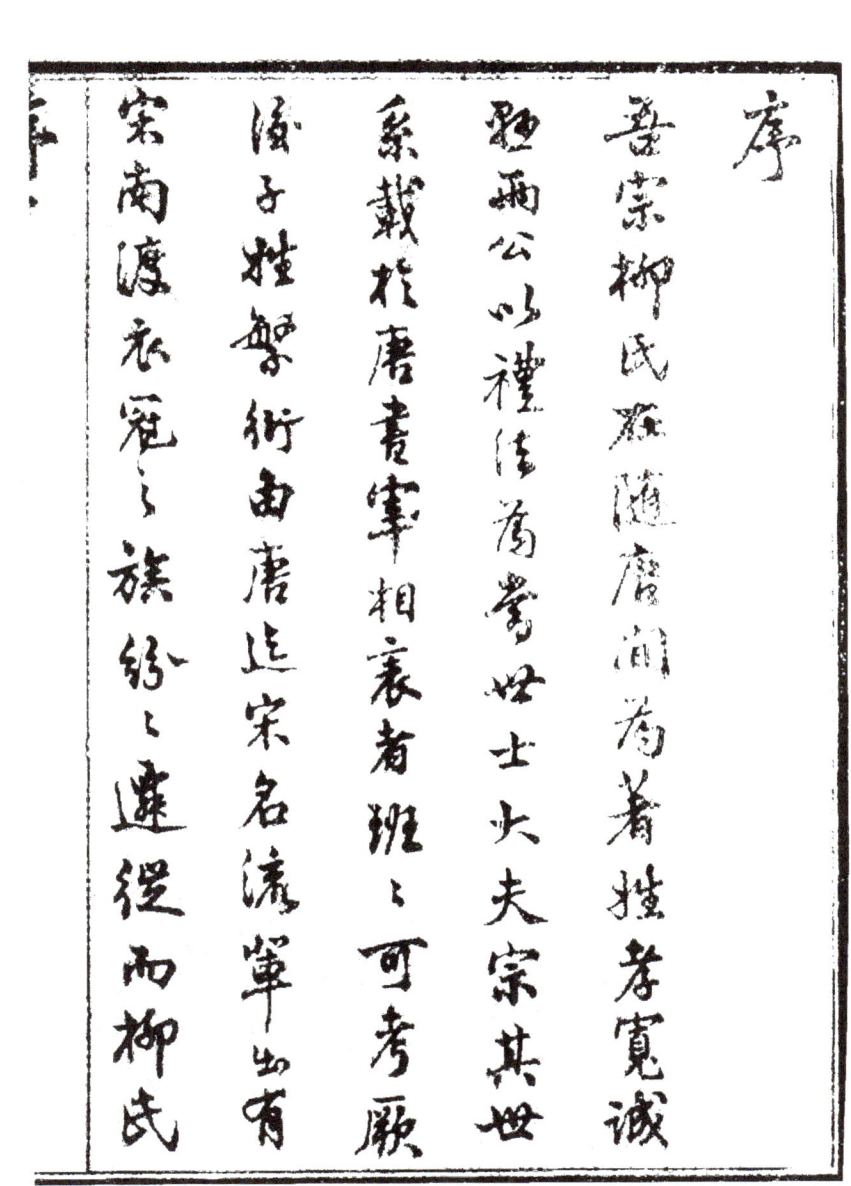

柳宝诒撰书《金匮柳氏宗谱》序（一）

之散處於江浙間者乃分支別派而譜
系遂不可復合諮家由慈谿遷居江
陰於今八世矣中遭兵燹譜牒久未增
修蘇常鎮揚諸鄉同宗者所在不乏
遊蹤所逕每一觀而必詢其所自出乃
或則修緝述其由來而訪高曾以上

柳宝诒撰书《金匮柳氏宗谱》序（二）

之世系则茫如矣或则并不能述其所自而祖宗之名讳翻徙经之源流盖不可追溯矣嗟乎此非吾宗之寥落两窭柔不修之咎乎诒所居江阴之东乡与金匮扣搂壤今年秋同宗东风畊莘诸君携其金匮分居支

柳宝诒撰书《金匮柳氏宗谱》序（三）

谱而谱余曰吾家自宗奇公籍无锡
迄今将二十世矣明初紫三公以人才徵
授嗣世業册湊利勝庫者有人抱隱
德者有人支系相傳繁衍可攷自紫
三公以前則據舊譜所載以元祐間尹
無錫之原中公為始祖自原中公迄

業三公其間世次因時代邈遠難免有遺
漏之憾此重纂家乘潛而以屢經纂輯而
未能刊刻此迭經寇亂遷徙愈繁及
今不刊將不特前之而糙闕者終莫能
補正竊恐今日之可攷者且因遷延日久
而並於不可攷此則重宗人所大懼

柳宝诒撰书《金匮柳氏宗谱》序（五）

也谱爱其潜而溪之见其昭世示序昭
穆者递徙辨牖庐书辛葊纪嗣续
凡他潜之所谓详赡者阮莫不並擅
其美矣而自紫三公至友梅友竹怡菊
三公为甘露支所自出列为甘露支统
表之自甘露曰支者由此依序编辑

纲举目张有条不紊其自荣三公以上溯源之原中公则依据谱而存列为谱犯远之原中公则依据谱而存列为谱原而冠诸首信者传之疑者阙之不散以牵缀者矣其真乃可以征实者传於後谱例之谨严秉笔者之良规也其庶几不失吾宗之礼法末欤

序口

用芫不揣固陋爲之編訂屬其付梓
并書此意以爲之序
光緒十有九年歲在癸巳仲冬之吉
　竹江支裔寶詒謹撰并書

柳宝诒撰书《金匮柳氏宗谱》序（八）

柳寶詒故居

醫無貧富以仁濟世爲大旨
藥有君臣藉物致和是良工

鮑漢祖 柳蘊毅 敬撰

柳宝诒故居题联

弁　言

　　晚清中国中医大家、温病学派代表人物之一、中医教学大师，江苏江阴周庄冠群柳公宝诒先生，自今而前，未见其系统的自叙、传记及年谱。先生生平行止，隐而不显，至可憾也。现从先生的遗著遗物和后人之论述考证及耳目所及，爬罗剔抉，索隐探幽，一一摘录，即一鳞半爪亦不弃，希冀积以时日拼成全龙而成年谱。材料均据出处，或续或断者，是所见材料之多寡也。实事求是，宁缺不诬，以尊先生一生为人处世之原则。成事在天，不敢望必，而谋事在人，敢不勉力乎？

先生玄孙女　柳蕴毅

婿　鲍汉祖

时 2002—2022 年无锡梁溪区金宇苑

凡 例

一、本编记述先公家世事行。择其关涉人事踪迹者，凡医德、医技、著述、文章、门生、药店、公益、艺文书法、后嗣等，酌举题目，虽点滴而摭记，冀能积少成多，为敬仰先生德才并研其学术医技者，提供参考资料。

二、先生逝世至今，不过百年有余，但其平生资料由于朝代更替、战乱人祸，大多散失。几十年中，编纂者凡耳目所及，必记录采访。凡遇一事，如获至宝，深恐一纵即逝。钩稽不厌其详，无奈所得不多，百得其一，挂漏犹多。亟盼后贤继续搜求，逐渐充实。

三、谱文虽简，语求证实。逐条分注，具详出处。全谱内容主要为三，谱文其一，引证材料其二，按语其三。按语者，或说明事由，或简述经过，或考证猜度，或提出疑问。每述一事，隔行分开。年谱文字稍大。材料与按语，字形大小虽同而字体不一，一阅而知其区别也。

目 录

卷一 自道光辛丑（1841年） 一岁
　　　至同治甲子（1864年） 二十四岁

江阴周庄（竹江支）柳氏族源，可上溯至隋唐间柳正礼一支 ……………………………………………………………（1）
　　柳宝诒：《金匮柳氏宗谱》序 ………………………………（1）
柳氏一支唐宋时占籍西亭，为西亭派 ……………………（3）
西亭分支奉化，嗣后迁居慈溪上宅，为慈溪竹江支 ……（3）
　　慈溪竹江支世系 …………………………………………（4）
柳鸿选是江阴华士柳氏始迁祖 ……………………………（5）
柳同春是周庄柳氏始迁祖 …………………………………（5）
　　周庄柳氏（有关柳宝诒支）简表 ………………………（6）
柳宝诒祖辈、父辈 ……………………………………………（6）
　　柳宝诒：《祖母沈太夫人像赞》 …………………………（7）
柳氏三十一世柳明夫妇 ……………………………………（8）
道光辛丑（1841年） 柳宝诒生 一岁 ……………………（8）
道光壬寅（1842年） 二岁 父逝、妹生 …………………（9）
道光丙午（1846年） 六岁 …………………………………（9）
道光丁未（1847年） 七岁 从缪镜千学 …………………（9）
　　柳宝诒：《蓉堂公传略》 ……………………………………（9）
　　柳宝诒：《题星垣世弟〈独立把卷图〉》 …………………（11）
咸丰辛亥（1851年） 十一岁 母逝、祖父母逝 …………（13）
咸丰癸丑（1853年） 十三岁 从融翘师学 ………………（13）

柳宝诒:《梅溪公传》……………………………………………（13）
　咸丰甲寅（1854年）　十四岁　随缪逢柱入陈府家塾 ………（15）
　咸丰乙卯（1855年）　十五岁　柳载昌生 ……………………（15）
　同治甲子（1864年）　二十四岁　祖母逝世 …………………（16）

卷二　自同治乙丑（1865年）　二十五岁
　　　　至光绪甲申（1884年）　四十四岁

　同治乙丑（1865年）　二十五岁　县试第一名　岁贡生 ……（17）
　同治丁卯（1867年）　二十七岁　已行医多年 ………………（17）
　柳宝诒首徒为詹文桥邓养初 ……………………………………（19）
　　夏子谦:《邓养初医案》序 ……………………………………（19）
　　曹永康:《邓养初先生传略》…………………………………（21）
　　曹永康:《夏子谦先生传略》…………………………………（22）
　　鲍昭:《邓养初医案》后记 ……………………………………（23）
　　陈正平:《桂林轩临证心悟录》识语 …………………………（24）
　同治辛未（1871年）　三十岁　嗣入柳载昌 …………………（25）
　光绪戊寅（1878年）　三十八岁　柳载昌、孙洪度考取秀才
　　………………………………………………………………………（25）
　光绪庚辰（1880年）　四十岁 …………………………………（26）
　　柳宝诒:吴达《医案》跋 ………………………………………（26）
　光绪壬午（1882年）　四十二岁　为曹颖甫问业师 …………（27）

卷三　自光绪乙酉（1885年）　四十五岁
　　　　至光绪戊子（1888年）　四十八岁

　光绪乙酉（1885年）　四十五岁　以"优贡"被选入京 ………（29）
　光绪丙戌（1886年）　四十六岁　试用正红旗官学教习、悬壶京师
　　………………………………………………………………………（29）

光绪戊子(1888年) 四十八岁 得未央宫瓦当、辞官回乡 ……………………………………………………………………… (31)

卷四 自光绪己丑（1889年） 四十九岁 至光绪庚子十二月（1901年） 六十一岁

光绪己丑(1889年) 四十九岁 行医于周庄本宅惜馀小舍 ……………………………………………………………… (33)
  鲍昭:《中医大家柳宝诒的名字和生卒》 …………… (34)
  曹永康给柳民元信 …………………………………… (37)
  祝耀长:《中医柳冠群先生纪实》 …………………… (39)
一、医德:医德高尚　仁术仁心 ……………………………… (41)
二、医技:治病疗疾　技精如神 ……………………………… (43)
三、致和堂:藉物致和　益效便民 …………………………… (46)
  柳宝诒:《致和堂跋》 ………………………………… (48)
  柳宝诒:《柳致和堂丸散膏丹释义》弁言 …………… (49)
  鲍昭:《柳致和堂丸散膏丹释义》后记 ……………… (49)
  柳蕴强:《为了保护和传承中医药文化遗产——写在致和堂膏滋药荣列国家级"非遗"名录的日子里》 …… (51)
  柳蕴强:《周庄柳致和堂两药酒海外获奖百年记》 … (56)
  柳蕴强:《柳宝诒和他的温病学说》 ………………… (62)
四、医著:淹通群籍　致用创新 ……………………………… (66)
《惜馀小舍医学丛书》十二种 ………………………………… (67)
  第一种:《素问说意》(不分卷) ……………………… (68)
  第二种:《温热逢源》(三卷) ………………………… (69)
  第三种:《疟痢逢源》(二卷) ………………………… (72)
  第四种:《惜馀医话》(四卷) ………………………… (72)

第五种:《柳选四家医案·评选静香楼医案》
　　（清·尤怡）………………………………………（72）
第六种:《柳选四家医案·评选继志堂医案》
　　（清·曹存心）……………………………………（73）
第七种:《柳选四家医案·评选环溪草堂医案》
　　（清·王泰林）……………………………………（75）
第八种:《柳选四家医案·评选爱庐医案》
　　（清·张大曦）……………………………………（76）
第九种:《评选琴川医案》三种 ……………………………（77）
第十种:《评选梓贤医案十六家》 …………………………（77）
第十一种:《清芬医案》 ……………………………………（77）
第十二种:《鸿雪医案》 ……………………………………（77）
第十三种:《柳致和堂丸散膏丹释义》 ……………………（80）
第十四种:《柳宝诒医案》 …………………………………（83）
第十五种:《惜馀医案》 ……………………………………（84）
第十六种:《伤寒提要论》 …………………………………（86）
第十七种:《温病条辨时方歌括》(鲍昭整理柳宝诒遗著)
　　………………………………………………………（90）

五、门生:后继大军　群贤辉映 ………………………………（93）
　　门生简表 ……………………………………………………（94）
　　1. 邓养初 ……………………………………………………（96）
　　2. 夏子谦 ……………………………………………………（96）
　　3. 薛文元 ……………………………………………………（96）
　　4. 盛心如 ……………………………………………………（97）
　　5. 金清桂 ……………………………………………………（98）
　　6. 章巨膺 ……………………………………………………（99）
　　7. 周仲瑛 ……………………………………………………（100）

六、公益:热心公益 造福后生 ……………………………… (101)
  1. 周庄文社、义学 …………………………………………… (101)
  2. 江阴东南乡试馆 …………………………………………… (103)

七、艺文:书继诚悬 诗文朗润 ……………………………… (103)
  1. 柳宝诒:《寿吴翊之九十》 ………………………………… (103)
  2. 惠山贞节总祠联 …………………………………………… (106)
  3. 柳宝诒:《缪象复像赞》 …………………………………… (107)
  4. 赠友对联 …………………………………………………… (107)

八、后代评述:莘莘后学 用之不勤 ………………………… (108)
  依秋霞《柳宝诒》 ……………………………………………… (108)
  任启松《温病学心法》 ………………………………………… (108)
  许履和、徐福松《增评柳选四家医案》 ……………………… (109)
  叶国芝《柳选四家医案选评》 ………………………………… (110)
  洪嘉禾、潘华信《评校柳选四家医案》 ……………………… (111)
  潘华信《中医名家经典医著丛书(二)·柳选四家医案评校》
    …………………………………………………………… (112)
  丁振忠《柳选四家医案按》 …………………………………… (112)
  张蕾、刘更生《中医古籍名家点评丛书·柳选四家医案点评》
    …………………………………………………………… (113)
  鲁兆麟《柳选四家医案点评》 ………………………………… (114)
  后代医家评论 ………………………………………………… (114)
  龙砂医派现状 ………………………………………………… (117)

九、后嗣:源远流长 后嗣外孙 ……………………………… (119)
  后嗣简表(一) ………………………………………………… (120)
  后嗣简表(二) ………………………………………………… (121)
  1. 柳昌业 ……………………………………………………… (122)
  2. 柳昌绪 ……………………………………………………… (122)

3. 柳作屏 …………………………………………（122）
4. 柳作醴 …………………………………………（122）
5. 柳民元 …………………………………………（122）
6. 鲍为群 …………………………………………（123）
　鲍为群:《诸士良医案》前言 ……………………（123）
　鲍为群:《诸士良医案》后记 ……………………（125）
7. 鲍昭 ……………………………………………（126）
　鲍昭:《金慎初医案》前言 ………………………（126）
　鲍昭:《王羹梅医案》前言 ………………………（127）
　鲍昭:《王羹梅医案》后记 ………………………（129）

十、资料过眼录:群策群力　搜遗集珍 …………（129）
　过眼录: …………………………………………（129）
　最后十二年事行年谱 ……………………………（133）
　附录:论文目录 …………………………………（136）

后记 ………………………………………………（141）

卷一 自道光辛丑(1841年) 一岁
至同治甲子(1864年) 二十四岁

江阴周庄（竹江支）柳氏族源，可上溯至隋唐间柳正礼一支

柳宝诒:《金匮柳氏宗谱》序

（上海图书馆藏）

吾宗柳氏在隋唐间为著姓，孝宽、诚悫两公以礼法为当世士大夫宗。其世系载于唐书宰相表者，班班可考。厥后子孙繁衍，由唐迄宋，名流辈出。

有宋南渡，衣冠之族纷纷迁徙，而柳氏之散处于江浙间者，乃分支别派而谱系遂不可复合。

诒家由慈溪迁居江阴，于今八世矣！中遭兵燹，谱牒久未增修，苏常镇扬诸郡同宗者所在不乏，游踪所遇，每一觌面，必询其所自出，乃或则能缅述其由来，而访高曾以上之世系，则茫如矣。或则并不能述其所自，而祖宗之名讳、转徙之源流，益不可追溯矣。嗟乎！此非吾宗之寥落而家乘不修之咎哉！

诒所居江阴之东乡与金匮相接壤。今年秋，同宗东风、畔莘诸君携其金匮分居支谱而诹余，曰吾家自宋季占籍无锡，迄今将二十世矣。明初荣三公以人才征，后嗣世业耕读，列胶庠者有人，抱隐德者有人，支系相传，粲然可考。自荣三公以前，则据旧谱所载，以元祐间尹无锡之康中公为始祖。自康中公迄荣三公，其间世次，因时代遥远，难免有遗夺之疑，此吾家支谱，所以屡经纂辑而未能刊刻也。迩经寇乱，迁徙愈繁，

及今不刊，将不特前之所疑阙者终莫能补正，窃恐今日之可考者，且因迁延日久而并至于不可考，此则吾宗人所大懼也。诒受其谱而读之，见其联世系、序昭穆、著迁徙、辨嫡庶、书卒葬、记嗣续，凡他谱之所谓详瞻者，既莫不兼擅其美矣！而自荣三公至友梅、友竹、怡菊三公为甘露支所自出，列为甘露支统表，凡是甘露分支者，上此依序编辑，纲举目张，有条不紊。其自荣三公以上溯始迁之康中公，则依旧谱所存，列为谱原而冠诸首。信者传之，疑者阙之，不敢以牵缀者失其真，乃可以徵实者传于后。谱例之谨严，秉笔者之良规也，其庶几不失吾宗之礼法者欤！用是不揣固陋，为之编订，属其付梓并书此意以为之序。

光绪十有九年岁在癸巳仲冬之吉
竹江支裔宝诒谨撰并书
臣宝诒印（阴文）　穀孙（阳文）

按：一、据《旧唐书》《新唐书》，有唐柳正礼，官邠州士曹参军。正礼子柳子华、柳子温。子温为丹州刺史。子温子孝宽、诚悬，是有唐时士大夫的代表人物。孝宽柳公绰（765—832年），唐元和年间御史中丞，大和年间任兵部尚书。弟诚悬柳公权（778—865年）官至太子少师，著名书法家，祖籍京兆华原。

孝宽、诚悬之后，子孙繁衍。其与"金匮柳氏"一支中所载柳中康的传承关系，因序文体例，且又因考证未明，故不作枝蔓。柳氏子孙，可据各支《柳氏宗谱》记载，考实后而续接之。

二、《金匮柳氏宗谱》现藏于上海图书馆。此序撰书于光绪十九年癸巳，即1893年。

柳氏一支唐宋时占籍西亭，为西亭派

嗣后子孙繁衍，分枝散叶。其中有一支在唐宋时因官定居、转籍于浙江西亭，为西亭派。

《竹江柳氏宗谱·世系志》：
柳宪，字守成。仕宋至兵部尚书，赠光禄大夫。官浙江西亭，遂占籍焉。为西亭一世祖。
西亭派一世柳宪。
二世柳敏，字勉学。仕至翰林学士。
三世柳开，字文明。常州府知府，追赠光禄大夫。
四世柳皓，字光国。赐进士出身，武安军节度推官，追赠吏、兵、刑三部尚书。
五世柳应龙，字子云。仕奉化县尉，佥判明州。累赠光禄大夫、太子少保，兵、吏、刑三部尚书。葬奉化吐山。

此即谱称"西亭五世"。柳先生一支续接，自柳宪始。唐柳正礼至宋柳宪间，因五代十国社会动乱，谱牒续接已有缺断。

西亭分支奉化，嗣后迁居慈溪上宅，为慈溪竹江支

竹江支《柳氏宗谱》：
一世柳应龙。生二子，长曰韶，仕至冢宰。次曰瑛，仕至大宗伯。
二世柳韶，行云九，字九成，号梅山。登嘉祐八年（北宋，1063年）癸卯许将榜进士，调桐城尉乌江令，改广军教授。入为国子监丞御史台检法，权礼部侍郎，迁吏部尚书。追赠荣禄大

夫、太子太保。夫人江氏。始居奉化县。

三世柳补，行仍二，字襄臣。恩授平江府吴江县主簿，改明州录事参军，知余杭县，转度支员外郎，权户部侍郎，转刑部尚书，进阶资政大夫。夫人宋氏。

四世柳公举，行兆二，字惟孝。历任户部侍郎。恭人张氏。

五世柳迈，行亿六，字景超。出继为舅氏中辅宋，后改为顺国。以贤良仕无为军县尉，改平江府常熟县奉议，即行太常博士知县事兼兵马总监，管县界塘岸公事骑都尉。孺人古楼山前楼氏。始迁居慈溪县金川乡求贤里阳湖村，即上宅也。

谱称柳氏慈溪竹江支。

江阴澄东竹江支《柳氏宗谱》：（仅节录有关世系）

慈溪竹江支世系

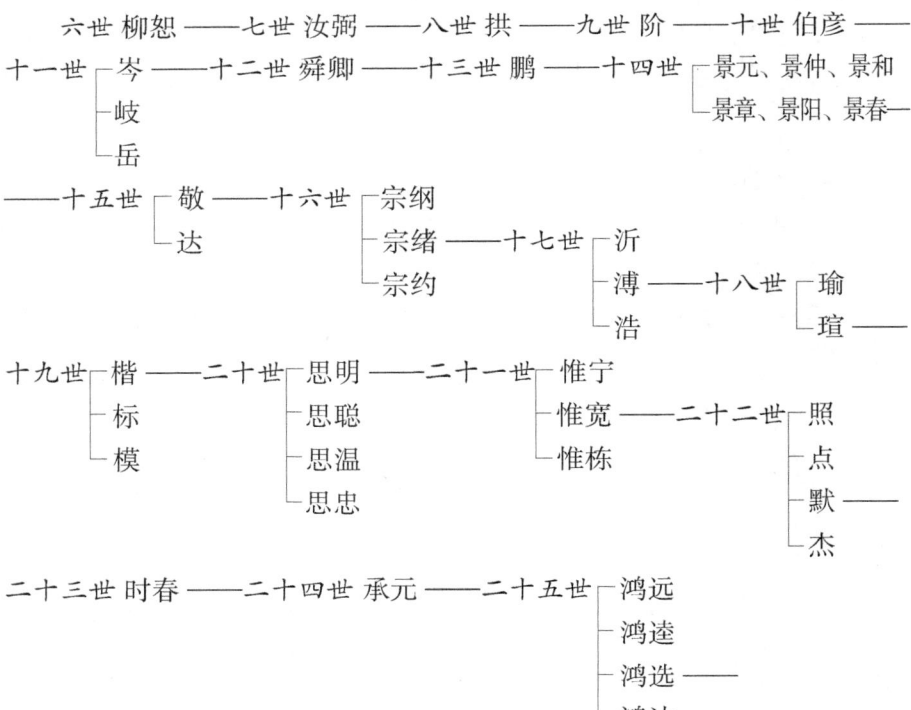

西亭五世柳应龙卒葬奉化，又为奉化柳氏一世，传第五世柳迈迁慈溪上宅，为柳氏竹江支。世系仍承奉化，尊柳应龙为第一世。其后，自一世柳应龙至二十五世柳鸿选，江阴竹江支《柳氏宗谱》记载详明，传承有绪，粲然可考。

柳鸿选是江阴华士柳氏始迁祖

柳氏竹江支二十五世柳鸿选，于明崇祯至清康熙间迁居江苏江阴华士，占籍。

江阴《柳氏宗谱》：

二十五世柳鸿选，行善，小字彦，字汉章。崇祯五年壬申（明，1632年）九月二十二日生，康熙四十二年癸未（清，1703年）七月二十八日卒。娶张氏。合葬砂山南麓黄姑墩。子二，（二十六世）元发、元芳。

柳同春是周庄柳氏始迁祖

二十六世柳元芳生五子：同春、在春、恒春、大春、华春。长子同春（二十七世）在清康熙、雍正、乾隆间由华士迁居周庄。

江阴《柳氏宗谱》：
同春，行余，字人和。康熙三十三年甲戌（1694年）正月十一日生，乾隆九年甲子（1744年）七月廿三日卒。娶叶氏。子三，（二十八世）洪本、洪立、洪庄。

兹将周庄柳氏，有关柳宝诒先生世系，简列于下。

周庄柳氏（有关柳宝诒支）简表

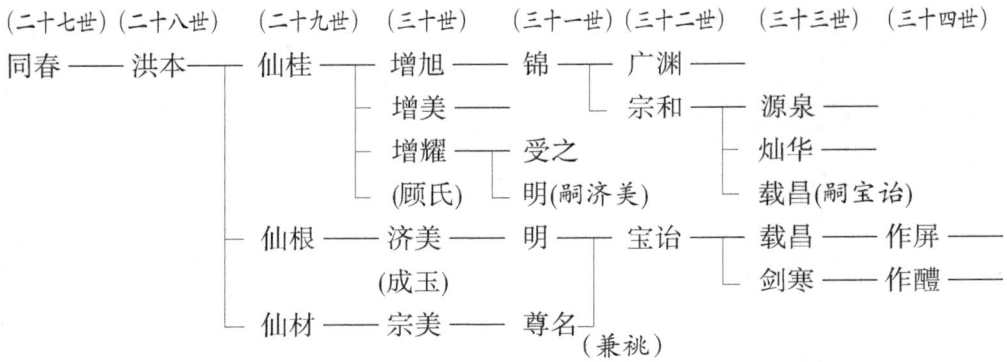

自二十五世柳鸿选迁居江阴华士，至三十二世周庄柳宝诒，历八世。

柳宝诒《金匮柳氏宗谱》序：诒家由慈溪迁居江阴，于今八世矣。

柳宝诒祖辈、父辈

柳宝诒先生本生祖父为三十世增耀、本生祖母顾氏。嗣祖父为三十世济美（成玉），嗣祖母某氏，庶祖母沈氏。

父柳明，母刘氏。

周庄东街柳宝诒故居大厅上，旧时岁节祭祀时，要悬挂祖先神像，其中也有柳先生庶祖母沈太夫人的神像。其上端有柳先生撰并亲书的长篇像赞（编纂者藏有照片复印件），称颂太夫人德于柳家，有再造之功。从像赞中，可了解柳先生祖父母、父母亲的一些基本情况。兹录像赞全文。

柳宝诒:《祖母沈太夫人像赞》

庶祖母姓沈氏，本农家女，年十六，归先大父成玉公（三十世，济美）为簉室（簉室：妾也）。生一女，四岁而殇。时先大父年将五十矣。适吾父（三十一世，明）生，而本生祖母顾孺人于蓐中（产后月子中）遘疾卒。先大父及大母乃商之本生祖父（三十世，增耀），遂携归抚为己子（增耀子柳明，嗣为济美子）。庶祖母佐大母扶持鞠（jū，养）育，外人视之，初不知其非己出也。迨（dài，等到）吾母（柳明妻刘氏，宝诒公母亲）刘孺人来归，家庭和顺，怡怡如也。前后数十年，门以内无嬉笑诟谇（责骂）声。邻里戚族间，盖莫不颂先大母及庶祖母二人之贤不置也。不幸家道中乖（变卦），吾父于道光二十二年（1842年）得咯血证而卒。时大父母春秋高，诒甫过周晬（zuì，周岁），吾妹之生，则后吾父之卒两月矣。吾母猝罹大故，痛不欲生，绝粒者几次。庶祖母维持其间，勉慰以舅姑年迈，遗孤稚弱，责在一身，不可以轻生重堂上感。吾母乃饮泣受命，庶祖母佐之，抚诒及妹，凡饮食、教诲、疾痛、疴痒，无不周至，其怜爱盖尤甚于抚吾父时。已嗣，大父母相继谢世，吾母亦以哀痛成疾，至咸丰元年（1851年）八月弃养，时诒甫十岁，吾妹九岁，一门所存，惟庶祖母及诒兄妹三人而已。孤雏相对，茕（qióng）独无依。赖庶祖母榰（zhī，支撑）住门户，为诒备修脯（学费），俾从师受业；及长，又为诒婚配授室，为吾妹择嫁。十数年来，其心力之交瘁为何如耶？吾家本不丰，又吾父殁后叠遭大故，家计益不支。迨吾母之殁也，盖几几乎无以为家矣！苟非庶祖母捋荼（捋，luō。采摘苦菜，喻吃苦）蓄租（降低生活水准而有积余。见《诗经·豳风·鸱鸮》），拮据缔造，将家室之覆败者，既无复完聚之日，即诒之孤露无依者，亦无复成立之望。吾家事尚堪设想哉！盖知破巢完卵，得有今日，而回溯从前，固非庶祖母之力不及此。

庶祖母生于嘉庆四年己未（1799年）正月十二日，卒于同治三年甲子（1864年）三月二十日，寿六十五岁。葬沙家巷祖茔成玉公之右肩穴。当时既乏铭幽之文，诒深惧庶祖母恩勤鬻子（意为辛勤抚育后代。《诗经·豳风·鸱鸮》："恩斯勤斯，鬻子之闵斯"）之苦心，日久而就泯也。爰述其大略于右，书于神像之端，将来并拟列之家乘，刻石祠中，俾后人读之，庶几知我庶祖母之德于吾家，实有再造之功云。

光绪二十六年岁次庚子（1900年）孙男宝诒谨述

柳济美（三十世）夫妇四十多岁无子，纳沈氏。是年，柳增耀（三十世）妻顾氏生次子柳明，产后遘疾卒。柳济美商之柳增耀，嗣入柳明。由庶祖母沈氏辅佐大母养育。

柳氏三十一世柳明夫妇

周庄《柳氏宗谱》：

第三十一世

（柳）明，增耀公次子，济美公嗣子。字又材，小字补堂。居周庄镇。嘉庆二十年乙亥（1815年）十月廿三日生，道光二十二年壬寅（1842年）九月廿四日卒。娶本镇刘氏，嘉庆十八年癸酉（1813年）三月十四日生，咸丰元年辛亥（1851年）八月十四日卒。孝事翁姑，抚孤守寡。年例相符，待旌节孝。葬长寿十保高处田父（济美公）茔。子一，宝诒；女一，适墙缺里沈寅耀。

道光辛丑（1841年）　柳宝诒生　一岁

清道光二十一年（1841年）三月二十日生。取名宝诒，意为天赐宝儿。谱行永。世居江阴周庄东街柳宅（今柳宝诒故居）。

时柳先生祖父柳济美（成玉公）、祖母某氏年事俱高，已七十岁左右。庶祖母沈氏四十二岁。父柳明二十六岁，母刘氏二十八岁。

道光壬寅（1842年）　二岁　父逝、妹生

清道光二十二年（1842年）九月廿四日，父柳明因咯血证逝世。两月后，妹生。

妹成年后由庶祖母操办，嫁本邑沈寅耀。

道光丙午（1846年）　六岁

道光丁未（1847年）　七岁　从缪镜千学

清道光二十七年（1847年）从堂姐丈缪镜千（蓉堂）学，受四子书。

柳宝诒：《蓉堂公传略》
（《东兴缪氏宗谱·第五卷》）

蓉堂缪公者，诒之受业师也。诒六七岁时，即从先生受四子书，亲几席者有年。嗣先生远馆在外，岁时至诒家，必进诒而课其业，有所得，辄欣然奖借（借：推奖也。推重、赞许）之。盖其于及门者，无不然。呜呼！先生之奖诱后学，何若是其肫挚也。先生讳镜千，字蓉堂，太学生，庆常公之子也。庆常公（缪

景崧，东兴缪氏十七世）生四子，先生居长。事亲孝，处兄弟和，家庭内怡怡如也。周旋戚党间，恂恂然如不能言，及发谋处事，则又各有条理，终其身未尝有失言失色。先生之言行，何若是其诚笃也。先生家计故不裕，资馆谷以为生。及其门者，文行俱蒸蒸日上。故延者无虚日。然性耿介，合则留，不合则去。气谊不投者，礼虽隆勿就。先生之品望，何若是其高且洁也。先生幼有异质，读书必体诸实用。每出一义，辄儒先所未发。从乡先辈杨补石（杨滨石，泗孙）、张云阶两先生游，两先生咸目为大器，乃困于童试，竟以坎坷终。呜呼！先生之遇合，何又若是其蹇且啬也。先生之居曰东皋（即今柳宝诒故居向东，街尽处之东高头），读书处曰敬业堂。自粤匪扰境，先后被毁。先生率眷口，仓皇转徙，终以资斧故，不能远去。甲子（1864年）二月，遇贼于巫山北，被执，欲引去。先生不屈，乘间奋身投江死。时眷属俱远避，不能复相顾。贼退后二日，始求得先生之尸而殓焉。呜呼，伤矣！夫以先生学术之正、言行之笃、品望之高，今人中之古人也。乃丰于学、啬于遇，并不获寿考令终，不识造物者果何意也？岂作善降祥之说，其理本诬也。先生殉难于同治三年（1864年）二月二十日，距生于嘉庆廿二年（1817年）十二月，得年四十又八。元配柳氏，诒之从堂姊也。有淑德，归先生三年卒。继配程氏，后先生十日卒。子三人，长建瀛，先生没后亦以忧卒。次升瀛，三聘瀛，俱成立，循循自爱，犹有先生之遗风焉。先生殁后八年（1872年），嗣君升瀛属诒为传。诒不肖，何足以赞先生之德，顾以辱在师门沐教泽者，诒最深，且以感先生之行谊若此而赍志若彼也，用濡墨而述其略云。

同邑　柳宝诒　毂生

缪镜千曾从乡先辈杨补石（滨石，泗孙）、张云阶两先生游。杨家为清常熟望族。杨与翁同龢为挚友，翁状元杨榜眼，同乡同朝。

杨泗孙（1823—1889年），字钟鲁，号濒石，清常熟凤凰镇恬庄（今属张家港市）人。道光十九年（1839）县试附生，廿六年中举。咸丰元年（1851年）国子监学正，咸丰二年殿试榜眼。授翰林院编修，国史馆协修等职。同治五年（1866年）称病辞官回乡，兴修常熟水利工程，著书自娱。光绪十五年（1889年）卒。其兄杨沂孙，举人，官凤阳知府，著名书法家。其弟杨汝孙，增贡生，五品衔候选训导。

缪镜千（东兴缪氏十八世）——升瀛（十九世）——海嶽（二十世）。缪海嶽，民国时期无锡著名书法家。现无锡寄畅园东门园名，即其书遗迹。

柳宝诒:《题星垣世弟〈独立把卷图〉》
（东兴《缪氏宗谱》）

君家累世[1]积缥缃[2]，缥缃富，囊橐[3]荒，
书可穷[4]人穷不妨。君今累世读经史，
经史足，菑畬[5]熟，富在多文人获福。
君家先德绛帐[6]开，桃李春风着意栽。
小子髫龄[7]曾立雪[8]，成章有愧负师裁。
先生读书数显奇，嗟哉赍字难疗饥。
青毡一片冷如铁[9]，携儿课读掩柴扉[10]。
羡君自幼露头角，苦志攻研神岳岳[11]。
中更离乱废诗书，儒者谋生效猎较[12]。
谋生无奈持筹算[13]，读书种子不容断。
森森玉树[14]两三枝，课子研经仍伏案。
君言两世苦读书，仓有蠹简[15]瓶无储。
幸哉朝夕得温饱，穷经曷敢弃三馀[16]。

　　　　君今把卷式前型，　　　清素家传唯一经。
　　　　所愿儿曹能式縠[17]，　　楹书常抱一灯青[18]。
　　星垣世弟贤宝相以"独立把卷图"属题，余与君家世有姻娅，曾托师门之谊，有感于中，率成长歌一首。
　　　　　　　　　　　戊戌（1898年）中秋，縠孙柳宝诒拜稿

诗注：[1] 累世：一代又一代。

[2] 缥缃：书卷外套壳，黄紫缥缃。代指书卷。

[3] 囊橐：袋子。这里指钱袋子。

[4] 穷：动词，使人穷。

[5] 葘畲："葘"音"子"。多年垦种成熟田。喻熟读。

[6] 绛帐：此处指塾校。

[7] 髫龄：换齿年龄，指幼年。

[8] 立雪：拜师。典程门立雪。

[9] "青毡"句：穷苦者寒窗苦读,仅有青毡一片御寒而已。

[10] 柴扉：柴门。

[11] 神岳岳：精气振足。

[12] 猎较：打猎者争抢一块肉。

[13] 筹算：钱筹，指弃儒经商。

[14] 森森玉树：喻穷苦中坚持读经的贤子孙。

[15] 蠹简：书简出蠹，指破书。

[16] 三馀*：冬为年馀，夜为日馀，雨为时馀。柳先生别号惜馀主人，惜馀即惜三馀，爱惜光阴。

[17] 式縠：中吉，中举。有成就。

[18] "楹书"句：一屋书为一楹书。旧时油盏火青光幽幽，所谓青灯黄卷也。

***笔者注**："餘"字简化为"馀"和"余"两种，为了不生歧义，本书中"惜馀""三馀"等词，一律简化"餘"为"馀"，不用"余"。

咸丰辛亥（1851年）　十一岁　母逝、祖父母逝

清咸丰元年（1851年）八月，母亲刘氏逝世。
此前，祖父母相继谢世。
一门所存，惟庶祖母及诒兄妹三人而已。

柳先生祖父母约逝于先生六七岁至十岁之间。母亲在先生十一岁时逝世。上文《祖母沈太夫人像赞》记载成玉公（济美）葬沙家巷，《柳氏宗谱》记载葬长寿高处田，中间有否迁葬？

咸丰癸丑（1853年）　十三岁　从融翘师学

清咸丰三年（1853年），从融翘师读书于从姑丈缪梅溪之家。

柳宝诒:《梅溪公传》
（东兴《缪氏宗谱》第五卷）

梅溪缪公者，诒之从姑丈也。与诒家同里闬。诒自六七岁时，即随先大父往来公家。仰其容，蔼如也，听其言，秩如也。盖心仪之而初莫名公之德也。及长，闻诸父老，咸啧啧称公贤且举以为后生法。诒亦从诸兄后，时与公周旋。观其行谊，聆其绪论，而后叹公之为人，洵不愧仁厚之长者也。惜公久归道山，无由志其景仰。今年春，公之嗣君逢源以公状属诒为传。诒不肖，何足以传公？猥以葭末（猥：谦词，指自己。葭末，初生芦苇，苇之未秀者也。谦称自己是后代小子），谊不获辞。谨按其状而传之。公讳上青，字枚起，一字梅溪，如升公之季

子也。嫡伯应麒公早卒无后，公嗣焉。如升公少负异才，浮沉童子军者数十年，终未获售。因谓诸子，勿复习举业。公幼承庭训，稍长，就商贩谋生，而天资诚笃，孝友性成。其奉如升公也，养志承欢数十年如一日，公顾而乐之，几忘其身之坎坷焉。嗣祖母陆孺人，以痛子致疾，缠绵床蓐者数载，公多方调护，迄获痊可，遂享大年。盖公之笃于天性者有如此。其居于乡也，处己以严，待人以和，持家以约，接物以宽。乡人有负公钱数十缗者，贫不能庚（庚：改变），将质屋以偿。公闻之，呼而语之曰：质尔屋，尔无归矣。偿我数十缗，我不见丰而以此失尔之居，我不忍也。因掷券与之。嗟乎！即此一节，以观公之存心，不已大可见哉。犹忆癸丑（1853年）之秋，诒从融翘师读书公舍时，公年已七十余矣。精神矍铄，犹杖督家人操作，时进子弟而诫之曰：吾人处世，不必刻意营求也，只尽其在我者而已。余生无立锥，迄今置田数百亩，建屋数十楹，自顾平生不过勤与俭耳。汝等守吾言，其慎毋刻薄为也。呜呼！公之言如此，即公之心可知，即公之品亦可知矣。盖观于此而益叹公之为人，洵不愧仁厚之长者也。公于乾隆四十九年（1784年）十一月十七日生，于同治三年（1864年）五月初六日卒，享年八十有一。娶善港钱氏，归公五年卒。继配柳氏，诒之从姑母也。闲静有淑德，卒苦艰难，实能与公共之。公亦恃为内助焉。先公三月卒。例得附书，故及之。其嗣续茔墓，则谱牒具详焉，兹不赘。

（原案：公生日系表作十一日，未知谁是？）

觉罗教习，岁贡生，同邑，柳宝诒　榖生

注：觉罗，清制，皇家非嫡长子孙谓之觉罗，用红色。
八旗中之正红旗。柳先生在京师时任官职为觉罗教习。

咸丰甲寅（1854年） 十四岁 随缪逢柱入陈府家塾

清咸丰四年（1854年），从姐丈缪逢柱学，随师入陈府家塾，与陈名侃同师、同窗。稍长，结为盟兄弟。

江阴东兴缪氏家族，秉持耕读传家，重视修文，故业塾师者众多。其中十八世缪逢柱，尤出类拔萃。缪逢柱，柳宝诒之从姐丈也。柳宝诒在母亲逝世后，沈太夫人曾把他托交给缪逢柱，从学有年。

江阴陈名侃，光绪乙亥（1875年）二十七岁时中举，清末累官院部大臣，中央监察院左副都御史。其生于清道光八年戊申（1848年），小柳宝诒七岁。陈名侃七岁入家塾，启蒙师即为缪逢柱。

缪逢柱坐馆陈府，时柳宝诒十四岁，正从逢柱学。逢柱带宝诒同住陈府，陪读助读。故柳宝诒与陈名侃同出师门，同窗好友。稍长，结为盟兄弟。

《东兴缪氏宗谱》：
清例授修职郎候选训导、附贡生，周庄派十八世缪逢柱像赞：
公之处世，从容以和。平而不阿，明而不苟。
公之作文，傀伟细缊。英才乐育，桃李盈门。
鸿范硕行，众皆仰之。卓尔大雅，是曰人师。
　　　　　都察院左副都御史　同邑　陈名侃　梦陶

咸丰乙卯（1855年） 十五岁 柳载昌生

清咸丰五年（1855年），北街柳宗和（三十二世）三子载昌生。

《柳氏宗谱》：

第三十三世：

载昌，宝诒公嗣子。宗和三子。居周庄。名昌谟，字廷俞，小字百明，又名昌业，一字芹畬。江阴县学附生。咸丰五年乙卯（1855年）五月廿五日生，光绪十九年癸巳（1893年）二月初五丑时卒。娶华士徐氏，咸丰九年己未（1859年）十月廿九日生。子三：作藩、作翰（俱殇）、作屏。

大约在柳先生三十岁左右，载昌嗣入。

同治甲子（1864年） 二十四岁 祖母逝世

清同治三年（1864年）三月二十日，庶祖母沈太夫人逝世，年六十五岁。

柳先生自十一岁丧母至庶祖母逝世这十三年中，主要事件有：

一、从乡塾中完成童子学业。通读《十三经》《二十四史》《二十二子》等经史，熟谙大清律例，擅音韵训诂，书法隽秀。

从乡前贤处抄读中医古籍，究心岐黄之术，上自灵素内难、伤寒金匮，历朝名医经典，靡不熟读精研，探其奥蕴。

柳先生家境清寒，太平天国时期仅靠家中七八亩田租难以维持生活，所以二十岁以后，已开方行医。

二、二十四岁前，已婚配授室，为妹择嫁。

据《祖母沈太夫人像赞》，柳宝诒及妹的婚嫁，均在太夫人的操持下完成。据此推算，柳宝诒婚配应在其二十岁左右，其后又为妹择嫁。

《柳氏宗谱》："（宝诒公）娶长泾孙氏。生女四。长适本镇杨，次殇，三适华士徐挹泉三子戟仙，四适徐家谷徐讷如。"

"妹适本邑沈寅耀。"

卷二 自同治乙丑(1865年) 二十五岁
至光绪甲申(1884年) 四十四岁

同治乙丑（1865年） 二十五岁
县试第一名 岁贡生

江阴江苏学政衙门同治四年乙丑名录榜：柳宝诒冠群。

柳宝诒成年后，取表字为冠群，寄托着师长的期望。科举名录榜名列第一。按规定名、字同列。1864年，太平天国运动失败，江南恢复清廷统治。1865年科举考试恢复，是年补行咸丰十年科案。宗师名振。

又经考核为岁贡生。食饩，经济上得到了国家固定的补助。其间一边读书，参加岁考，一边钻研历代中医药典籍。医技日进，医名渐著。

同治丁卯（1867年） 二十七岁 已行医多年

辟故居大厅东北小侧厢为固定诊室，颜额《惜馀小舍》。每诊，病家诊治案录入《惜馀小舍·门诊录存》。

江阴周庄东街缪君燕，为柳宝诒晚年及门生。柳逝世后，其手稿、印章、书籍、抄本等不少实物，为缪氏收藏。20世纪七八十年代，南京中医药大学黄煌教授到周庄寻访中医资料，在缪君燕孙子缪梁（江阴名中医，师从朱莘农）家中，见到一批有关柳宝诒的资料，拍了一组照片。黄教授将照片复印了一套寄赠柳宝诒大房曾孙柳民元（江阴知名教育家，本年谱编纂者的父亲），后又转赠并保存于编纂者手中。其中有一张照片，拍摄了两册《门诊录存》，一为《丁卯第七册》，一为《丁酉第八册》。丁卯为同治六年（1867年），柳宝诒二十七岁。可见那时，诊务已是十分繁忙了。

柳宝诒诊病，极其细致负责。每号除开脉案药方外，还另记入《门诊录存》，以便查考核对。惯例以时间先后为流水号约一百至二百号装订为一册，三十多年不辍。每册封面写明某年（干支纪年）第几册，署"惜馀小舍""门诊录存"。柳逝世后，这几百册录存或被门生收藏，或被好事者瓜分。家中留存的一些在"文革"中散佚毁亡。现所见者，仅为数不足十册而已。

柳取字冠群后，又自取字"榖孙"（有时写作榖生）。"榖孙"两字，典出《诗经·鲁颂·有駜》："君子有榖，诒孙子"，意思是"君子把美好的东西下传子子孙孙"。"宝诒"，天赐宝物。"榖孙"，指宝物代代下传。古人爱"诒榖"。故其名其字取意，都有传承美德之义，蕴意珠联璧合，极富机趣。至今，柳氏子孙手中，仍珍藏着几方印文为"柳宝诒""宝诒""榖孙"的铜、石印章。

独立开诊后不久，柳宝诒把家中大厅东北小侧厢辟为诊室，自拟匾额曰"惜馀小舍"。木质小斋匾坐北朝南悬挂在室后背门上方。

"惜馀"取义古人"惜三馀"，"冬为年馀，夜为日馀，雨为时馀"，是自勉勉人要"爱惜光阴"的意思。

柳镌刻有"惜馀""惜馀小舍""惜馀藏书""惜馀主人""惜馀老人"等或大或小的多枚印章，并以"惜馀主人"自号。

柳宝诒逝世后，后辈编印的柳氏医案中，有一种取名叫

《惜馀医案》，有多种版本。收集其各类医学述著的，取名《惜馀医存》，已见成集者有一、二、三册。

柳宝诒首徒为詹文桥邓养初

江阴东乡詹（一称"占"）文桥（今属张家港市），有名中医邓志盈者，诊务中遇疑难重病，常邀柳宝诒会诊。两人成为好友。志盈长子邓养初，遵父嘱受业柳门，为柳宝诒首徒。结业后邓在詹文桥诊室行医三十多年，成一方名医。有鲍昭整理的《邓养初医案》传世。又著有的《临证心悟录》，刊行于上海中医杂志，再刊于20世纪90年代《浙江中医杂志》"古籍珍本"栏。其增评《柳选四家医案》，亦可媲美柳宝诒对四家医案的评案。邓氏门徒有夏子谦、任丹庭、黄载熙等，子遂儒继其业。

夏子谦有《实验临证医案》两卷。弟子有章巨膺、朱莘农、曹永康等，再传弟子邢鹏江、缪梁、叶秉仁、夏亦钧等，皆一时名医。邓志盈幼子邓佩春亦入柳门，后执业江阴城中，著《医案存参》。

《邓氏医案》经夏子谦简编，曹永康又作编次，现已打印成册。

夏子谦：《邓养初医案》序

仆弱冠习举子业，忆自光绪甲辰，得游泮水。学校兴而科举废，遂承家学而专事岐黄。然思墨守家庭，无以增广见闻，刷新智识，爰是负笈出外，至詹文桥受业于养初夫子之门，昕夕侍侧，亲炙观摩，以冀面命耳提，实获阅历之经验、所闻、绪论，谨志于心。良以养初夫子为当代之名医，其人静默寡言，温良敦厚，和蔼可亲；为人诊病，深明脉气浅深、虚实之别，审问精详，洞见症结；立案处方，细腻熨帖，悉得君臣佐使之宜，洵可谓佛心仙手矣！先生昆仲，先后均就学于江南名医柳冠群先生之门。夫子所著医案，可模可范，并著《临证心悟录》，曾刊载上海医学杂志。使非肱折功深，神行乎灵妙之中，曷克臻此。不惟此也，邓氏医道，家学渊源。缅怀志英老先生杰出医林，所著之医案，高尚可风，媲美医界先哲，早已裒然成集。养初夫子之乃弟佩春先生，匠心独造，参研西学，著《医案存参》，新颖异常，风行遐迩，声名之洋溢，与养初夫子并驾齐驱，乡里至今犹称道之弗衰，邓氏医世其家流泽孔长也。癸未春，佩春先生之哲嗣达闻持乃翁《医案续存参》一册来云（云亭）而示仆，曰："此先君之著述也，偶于峭岐得之书摊者。惜乎先祖考及先伯父之所作，竟不一见。为子孙者不能善继先人之业而复不能保存其遗下之手泽，清夜深思，良多抱愧。"仆爱将前所在门下录藏者出而示之。达闻大喜如狂，以为遇合之奇，诚天假之缘也，惟深惧此书之久而失散也，思付剞劂，托仆次其简编，并丐仆为序。仆不敢以不文辞。所愧者，璧是夜光，技非玉匠，琢磨之术未精、宝光之美不显。然水怀珠而川媚，石韫玉而山辉，行见此书之出，人必奉为圭臬，作后学之津梁，岂第为邓氏世守之宝筏，遗徽流泽之长而已哉！

中华民国三十三年岁次甲申孟夏之月受业门人夏子谦谨序

鲍昭《邓养初医案》按：邓养初（养秋）、邓佩春（培春）昆仲，皆为江阴周庄柳宝诒入室弟子。云亭夏子谦为邓养初门生，又是江阴朱莘农的叔丈，为朱之问业师。

曹永康：《邓养初先生传略》

先生一名养秋（生卒年不详），世居江阴县占文桥（现沙洲县南沙乡*），承其父子英先生家学，复得名师柳宝诒、章竹座二先生熏陶，所学益醇，以擅治伤寒、温病著誉，声名远播澄锡琴诸邑。当时求治之众，门庭若市。先生论病处方，思路深思，药不虚设。案语词藻华丽，洵一时高手。著有《临证心悟录》。先生论治，谓温病用下法，有外感、伏气之分，验舌、验唇之别。外感邪犯肺胃，气分先燥，故苔色必变；而伏邪发于少阴，血分必烁，故唇多焦黑。于杂病则注重调理肝经，指出肝胆病如脉来弦滑或弦大，则多肝火郁勃，胃有停痰，致气不下降而为痛为呕，最宜苦辛酸法，苦以降火，辛以开痰，酸以制横而平厥气，则痛呕自平。而逍遥散[1]治肝火症，为千古妙剂。此方之妙，全在柴、薄二味，唯脉见涩滞者宜之，盖气火同源，火郁则气无不滞，气滞则脉色亦必失畅，故唯脉来涩滞者为宜。若脉转弦数或弦滑，则郁火已变为元阳，营阴必伤，即不可复用柴、薄以升散矣！先生用相对论谈医理，示人以读书当一隅三反，至今仍有指导意义。

先生毕生好学，诊病之余，深研《柳选四家医案》，心有所得则作眉批。南京中医学院许履和先生谓："邓氏学问渊博，经验宏深，其眉批匠心独运，识见高超，堪与柳案媲美。"（见《增评柳选四家医案》，江苏科技出版社1983年版）实为允当之评价。

先生门徒有夏子谦、任丹庭、黄载熙等。子逵儒继其业。存有《邓氏医案》两卷。

附见：[1] 柳宝诒《柳致和堂丸散膏丹释义·内因门第五十五号逍遥散》：

逍遥散（附加味逍遥散）

庄子云：散虑逍遥。盖取解散郁气之意。郁证必由乎肝木，木郁则克脾土。肝脾交病，此郁证之大较也。此方以归、芍养

---

*编者注：今属张家港市。

肝，即以柴胡达木郁；以苓、术补脾，即以橘皮疏土郁。更复甘草以调和之，薄荷以清散之。肝脾两调，丝丝入扣。薛立斋加山栀以清气分郁火，丹皮以泻血分郁热，其理甚通，今特遵之。凡因肝郁而致寒热、咳嗽、胁痛、经阻者，此方最宜。

当归（酒炒）一两五钱　白芍（酒炒）一两五钱　软柴胡（炒）一两　薄荷五钱　茯苓一两　焦白术一两　炙甘草五钱　橘红八钱　细末，水泛为丸。

加味逍遥散：逍遥散加黑山栀一两五钱、丹皮一两五钱、煨姜三十片。

[2] 任丹庭女任之露，学西医，留学日本。嫁时逸人。任之露任职无锡梅村中学，校医兼教生物、生理卫生，为编纂者鲍汉祖、柳蕴毅高中时老师。

曹永康:《夏子谦先生传略》

先业师夏子谦先生（1877—1947年），世居江阴县云亭镇。先生本儒家，为前清秀才。弱冠时习举子业，尝至定山顶峰庵，面壁读书，深夜不辍。山风峭厉，侵入肺腑，以是得寒喘疾。乃弃儒习医，从占文桥邓养初先生学。1926年，先生在城内行医，曾任江阴县中医学会理事，与马泽人、蒋镜寰先生等共襄协会事务。每年夏季，城乡各地举办义务施诊所，先生受聘，按期应诊。临诊时，深思明辨，仔细周详，不以贫富分轩轾，日诊数十号无倦容。日寇侵华，先生迁回云亭继续行医。当时老百姓进城，要向城门口日寇行鞠躬礼，先生深以为耻，因订例"出诊不进城"。八年中间，先生出诊只到南外、东外，城内人虽高其诊金，不应也。身居乱世，不为利诱，而以民族气节为重，其德行良可嘉也。

先生由儒而医，精内科，平生致力于《伤寒》《金匮》，而对

《温病条辨》钻研更有心得。晚年擅长调治内伤杂病。喜用瓜蒌薤白汤展化胸汤以利升降，对痰阻气郁诸证，辄能应手取效。尝用乌梅丸合甘草汤柔肝缓急，以治霍乱转筋。可谓师古而能化。先生处方平正稳妥，习惯用馆阁体正楷书写方案。现存有《实验临证医案》两卷，乃其门人整理编次。

先生一生授徒甚众，有章巨膺、焦少鸿、柳新一、柳汉民、夏敏求、程晋璞、杨士贤、王观泉、周学庠、沈永才、薛铭章、张本仁、徐济仁、卞颂禧、夏纲、吉庆等。予亦承先生不弃，允居门下。子羲伍继其业。

鲍昭：《邓养初医案》后记

家祖父雅好集藏。其藏品中有晚清民国时期江阴詹（占）文桥（今属张家港市）名中医邓氏著《邓养初父子医案》，我见而喜爱而获赠。2012年，我毕业于南京中医药大学本科，接着又师从江苏名中医骆天驷博士攻读硕士三年，其间利用三馀时间，学习并誊录医案。

医案共两册。一册为邓子英先生医案，一册为邓养初先生医案。两案都经邓养初门生江阴云亭夏子谦先生简编过。江苏名中医、镇江医学院教授曹永康先生是夏的入门生，曹对医案又作了编次。嗣后，夏子谦的侄女婿朱莘农得到了编次医案后，又嘱其门生、无锡名中医管文鑫全文抄录。我祖父所藏的抄本，就是经曹编次、管手录的稿本。

清末，邓子英在占文桥中街开设诊所，门庭若市。有时遇到疑难病症，就常请江阴周庄（在占文桥南约五里）的名医柳宝诒先生会诊。两人成为契友。后来，邓子英长子邓养初拜师柳宝诒，为柳之首徒，期满后悬壶占文桥本宅。以擅治伤寒、温病名世，行医三十多年，屡起沉疴。邓子英幼子邓佩春亦投柳门下，满师后在江阴城中行医。邓氏父子三人，均擅医术，声誉卓著。邓养初曾对柳宝诒选评的《柳选四家医案》深研并作增评，已收入许履和、徐福松主编的《增评柳选四家医案》一书中。其所著《桂林轩临证心悟录》诊余随笔，论证颇切实用。

管文鑫誊手稿，用行草体直行书写，没有断句标点，不便于一般读者识别阅读。我学习时，用通用正楷字体逐案誊写。只是几年时间中，用纸规格大小不一，无法装订一律。在此我要感谢祖父鲍汉祖、祖母柳蕴毅（柳宝诒的玄孙女），他们为我把我誊写的医案用统一的稿纸重新誊清了一遍，并做了校对。

邓氏为《柳选四家医案》增评。我作为柳宝诒的外昆孙女，把邓氏父子医案整理并寻求出版，这也算是盼望振兴中医事业，代代相传的意思。

这次打印，书名定为《邓养初医案》。把《邓子英医案》作为附录。把陈正平所编《惜馀医案》后所附的邓养初的《桂林轩临证心悟》也附录于后。邓氏父子医案内容，未作改动，读者可窥先贤原著风貌。

鲍昭按：《邓养初医案》附录二，全文转引江阴中医院陈正平先生主编的柳宝诒著《惜馀医案》书后所附之邓养初《桂林轩临证心悟录》。

陈正平:《桂林轩临证心悟录》识语

《桂林轩临证心悟录》作者为近代名医邓养初。邓养初又名养秋、孟高，系柳宝诒首徒，江苏江阴占文桥人(现属张家港市)，生卒年月不详。据其门人江阴云亭黄载熙(振枢)介绍，邓世代业医，悬壶三十载，屡起沉疴，誉满大江南北。平日诊务繁忙，虽有著作，散佚殊多。本集乃先生诊余随笔，浙江名医魏治平评述："其论证用药精要透辟，悉由经验中来，颇切临证实用。"

本辑曾刊于上世纪初出版之医刊，九十年代又在《浙江中医杂志》古籍珍本栏中刊行。藏之多年，藉机录此，以广流伟。

2017年10月

同治辛未（1871年）　三十岁　嗣入柳载昌

清同治十年（1871年）年前后，嗣入北街族兄宗和三子载昌。

至此年，柳先生结婚已十年左右，连续四生皆女，故有此举。

光绪戊寅（1878年）　三十八岁　柳载昌、孙洪度考取秀才

是岁，子载昌二十三岁，与柳宝诒夫人孙氏之内侄孙洪度同时考中江阴县学附生（秀才）。

孙洪度幼失怙恃，一直生活在姑父柳宝诒家，由姑父母抚养成年。

柳先生内侄孙洪度之女孙惟贞，嫁本镇方琴斋，长女方佩兰，乃少将杨千里之母，杨任中国人民解放军总参谋部通信工程部副部长。三女方佩玉嫁柳宝诒大房长曾孙柳民元。乃本年谱编纂者之父母。

光绪庚辰（1880年） 四十岁

清光绪元年（1880年）为清末上海名医、本邑人吴达所著医案作跋。此跋现收入吴著《医学求是》书中。

吴达，字东旸，江苏江阴人。吴氏因患病误于医，产业为之废，故发愤学医。他治学主张溯本穷源，自难而易，旁搜博采，撷采众长并舍其所短。吴氏晚年行医于上海，学验俱丰，博古通今，为清末沪上名医。著《医学求是》二卷附医案一卷。书成，其医案邀柳宝诒撰跋。其时柳年刚届四十，行医将近廿年。一位六十多岁的沪上名医，请序于一位四十岁行医将近廿年的后生小子，此举可见两人相知相惜相敬，亦可知柳宝诒医名，满溢江南矣！

柳宝诒：吴达《医案》跋

前圣制医药以疗民疾，所以救阴阳六气之偏也。上自轩岐，下迄仲景，其所以著名斯理，而昭示后人者，复乎尚已（久远之意）！唐宋以来，家说人书，河间（刘完素，著《黄帝素问宣明论方》）则倡论三焦，东垣（李东垣，著《脾胃论》）则专主脾胃，以及子和（张子和，著《儒门事亲》）之攻邪，丹溪（朱丹溪，著《局方发挥》）之泻火，虽各有一隙之明，而与前圣之大道，固已未窥全体矣。降及今日，而派愈杂，道愈晦，谈温补者一派，喜清凉者一派，擅攻克者又一派，甚有矫其弊者，不揣其致偏之原，而专取肤庸之品，杂合成方，自命为和缓之派而逢时之道也。而岂知养痈贻害，其弊有转甚于偏者乎！故至今日而论医理，则不必救天时之偏，而当先救医术之偏。此吾邑东旸先生所以有温暑、血证诸论之作也。先生因病而知医，因医而知医术之偏，慨生民之夭札，死于病者半，死于医之偏者亦半，因于施证之暇，即诸证之易于误治，且误而不觉其误者，次第著论以辨之。每一论成，辄以赐读。其理正而纯，其辨明以晰。其细意披剥也，可以应变而无方；其大声疾呼也，可以振聋而发聩。孟子曰：予岂好辩哉，予不得已也！其先生著论之苦心，夫抑更有为先生请者。学医贵乎明理，理之不明，则所学已偏，以之治病，尚安往而不偏哉？此论出，而此数证之偏可救矣。外此，而医之偏于病者何限？即病之死于偏者又何限？先生既洞澈其源矣，尚蕲（qí，通祈，祈求）即未论诸证，遍加详辨，汇为全书，庶几证明斯理，有以绍前圣之渊源，即有以救生民之夭札。先生救世之婆心，岂不愈推而愈广也哉？吾知先生闻之，当必首肯（点头表示同意）斯言，而为之掀髯濡墨也。

光绪庚辰（1880年）孟陬之吉世愚侄柳宝诒谨跋

在吴达《医学求是》书中，有云"吾乡柳宝诒明经……究心医学，不随时尚，余尝以《霍乱论》《温热经纬》赠之"。明清时期，"明经"是对"贡生"的敬称。

光绪壬午（1882年）　四十二岁　为曹颖甫问业师

清光绪八年（1882年）为同里曹家达（颖甫）问业师有年。

是岁曹家达（字颖甫）十六岁，父患病狂泻不止，用诸方不效，请医疗亦不效。后父友赵廷赓（云泉）治而转危为安。欲拜赵师，赵介绍柳（宝诒），拜柳，柳辞。但因同里，曹柳又素有世谊，同意为问业生，问业有年。

曹家达后为一代名医，在上海授教于中国医学院时，培养出如章次公等一大批中医优秀人才、一大批名医，为其问业生或共事的还有：秦伯未、陈存仁、严苍生、许半龙、黄文东，以及程门雪、王一仁、张赞臣、王慎轩、丁济华等。

卷三 自光绪乙酉(1885年) 四十五岁
至光绪戊子(1888年) 四十八岁

光绪乙酉（1885年） 四十五岁
以"优贡"被选入京

清制，每三年一次由各省学政考选诸生，选举生员中品行才干优秀有识见者入京廷试。每省仅举数名。

光绪十一年（1885年）江苏学政林天龄任期内，循例从生员中考试选拔文行兼优者举荐朝廷，柳宝诒以优贡选送进京。柳宝诒是年赴京。先经吏部考核合格，再由光绪帝亲发策问殿试。殿试合格，清例可按知县或教习任用。

原拟候任知县，后经院部大臣、同窗挚友陈名侃等建议，选任教职。

光绪丙戌（1886年） 四十六岁 试用正红旗官学教习、悬壶京师

以优贡廷试合格而授试用正红旗官学教习。钦加五品衔，官职"觉罗教习"。

正五品衔，用"臣"字印。参与正红旗官学的管理工作和文化教育事务。学生均为正红旗非嫡长皇室子弟。

京师为官前后达四年（实足三年多），兼悬壶京师，为士大夫医病疗疾。

《柳冠群先生医案·翁同龢序》：

先生学问深邃，为文出入经史，踔厉风发，少年时即名噪艺林。然雅不欲以空文垂世，遂究心以岐黄之术。上自灵素内难诸经，伤寒金匮，以迄国朝名医著述，靡不熟读精研，以探其奥蕴。然有所得矣而不敢自秘也。光绪丙戌岁（1886），先生以优贡试用正红旗官学教习，其寓所适与余相近，昕夕过从。闻先生辩论医理，条分缕析，知其抱济世之心，已非一日，学识经验，不啻三折肱焉。士大夫以病求诊者，辄著手成春，由是声名藉甚。旋被某道尹罗致幕下，先生卒以志在活人，翻然归隐，著书授徒，一时桃李盈门，名震江浙。其所著柳氏丛书，已梓行于世。余于其评选四家医案，为之弁序。今友人张君梦得，又出阅先生所著医案，纲举目张，理解透辟。并有《温热逢原》一书，于优气发温一层，独阐前人所未发，不愧为仲景之功臣，其能传世也亦宜。兹先将医案付梓，丐余作序，今略叙数言，并以志今昔之感云。

光绪三十年（1904年）常熟叔平氏翁同龢序
民国三十一年（1942年）江阴后学徐济成苇航敬录

清代科举考试规章及官吏出身制度，沿袭明代，少有改动。

就科举考试而言，孩童入塾，童试合格而为童生，称秀才，取得乡试资格。乡试中式成为举人，会试中式成为进士，最后殿试。

清代官吏出身，有正途与异途。所谓异途，是指恩荫、保举、捐纳得官者。凡经考试选拔的都是正途出身。

正途又分两类，一类即乡试、会试而殿试者。一类途经学校，国家级的叫国学，国学即国子监。下一级的为县学。各地县学入学者称生员，资格同秀才。生员被选入国子监的称贡生。秀才在乡试中不中者可参加考试优贡、拔贡。优贡、拔贡经朝考合格，可分别授职为官。举人会试不中可等候"大挑"或得教官。举人、贡生考试进士不第，入监而选者，或授京职小官，或授府佐及州县正官，或授教职。

柳先生童试得秀才第一名，后为优贡，敬称明经，仕出正途。又经考试合格，候选知县。任用正红旗官学教习，五品衔。以志在活人而回乡悬壶。

光绪戊子（1888年） 四十八岁 得未央宫瓦当、辞官回乡

得汉未央宫瓦当于京师，文曰"延年益寿"。

柳宝诒于光绪十四年（1888年）在京师，得汉未央宫瓦当一块。据此瓦当文饰，"摹以饰笺"。在乙未（1895年）夏定制的专用处方笺上，把此瓦当图案浅印于方笺之上，用作装饰。

柳先生专用的医案处方笺：

宣纸、洒金，浅绿色图案汉瓦当。中间瓦当四篆文"延年益寿"。右边亲书"汉未央宫瓦，戊子得之于京师，摹以饰笺。"落款：乙未夏穀孙柳宝诒记。阴文绿色"穀孙"章。（此章铜质，今存）。方笺右上有阳文红色"此中有真意"闲章，左下有红色"君子有穀"章记。

五月，京师辞官回江阴周庄。

关于柳先生辞官还乡之事，祝耀长在《中医柳冠群先生记实》一文中说："其时，清政府腐败，天下鼎沸，先生拂然归里"。翁同龢在《柳冠群先生医案·序》中说："旋被某道尹罗致幕下，先生卒以志在活人，翻然归隐，著书授徒，一时桃李盈门，名震江浙"。两人都提到了辞官回乡的因素。柳先生京城为官三年多，对于清政府内忧外患，朝中官僚的派系争斗，官吏的昏愦贪腐，百姓生活的困苦心知肚明，又囿于官微言轻，无力拯救水火，但作为饱读儒家经史的正直知识分子，内心自然挣扎于无力回天的郁闷之中，厌恶无所用心，徒耗时间精力的官场应酬，混日子。柳先生在教习之余，访求名医，精研医籍，大开了眼界，增长了见识。"士大夫以病求诊者，辄着手成春，由是声名藉甚"（翁同龢·序）这样，坚定了先生岐黄救世的信心，决心辞官回乡。说是不乐幕僚生活，仅是一种遮掩的说法，"志在活人"，才是主要的原因。先生立志在斯，兴味在斯，翁同龢、陈名侃多次劝留，先生去意已决，毅然南下，这也是翁同龢在逝世那年为柳先生定稿本《柳选四家医案》所作叙中所感慨的"惜其终老艺事，不克一用于世"的原因。

柳先生回乡伊始，即沉潜医学，志为良工。这个选择开启了先生生命最后十二年的自在舒展的悬壶生涯，柳先生也终于成就为晚清中医大家、温病学说集大成者、中医教学大师。

卷四　自光绪己丑（1889年）　四十九岁
至光绪庚子十二月（1901年）　六十一岁

光绪己丑（1889年）　四十九岁　行医于周庄本宅惜馀小舍

自京师（北京）回江阴周庄东街行医于家宅中之惜馀小舍。

柳先生在光绪十四年（1888年）辞官回乡，至光绪廿六年十二月（1901年1月）这十四年（头尾搭着十四年，实足只有十二年多）中，是其人生第四个时段，也是其走向顶峰，成果频出的十二年。奈何遽然而逝，述著的出版，各类资料的定稿，戛然而止。光绪廿六年十二月初一子夜（是年农历十一月十一日为公历1901年元旦，十二月初一为1月20日，子夜后即为1月21日），家中传是睡眠中逝世，猜度是脑梗或心梗。若天假以年，则德更高，技更显，著作更丰，门生更多，至可惜也。柳先生逝世不久，社会沧海桑田，清廷被推翻，民国肇始，国事多年荡动，中医业逐渐式微。先生的医学著作和艺文资料，除一二部由门生或同道出版外，大部分逐渐散佚而湮没。

这十二年中，事务繁多，诸事夹杂，又不宜拆碎以时间次序排列。所以，将设法以大端归类，分类叙述。散见的已知有具体时日的人事及医事，则列排于叙述之后。年谱编写类成传记，实无奈耶！

大端拟分十类，为一、医德（医德高尚，仁术仁心）；二、医术（治病疗疾，技精如神）；三、柳致和堂（藉物致和，益效便民）；四、医著（淹通群籍，致用创新）；五、门生（后继大军，群贤辉映）；六、公益（热心公益，造福后生）；七、艺文（书继诚恳，诗文朗润）；八、后代述评（莘莘后学，用之不勤）；九、后嗣（渊源流长，哲嗣外孙）；十、资料过眼录（群策群力，搜遗集珍）等亦附于后，以为柳先生研究者提供资料及探求途径。

鲍昭:《中医大家柳宝诒的名字和生卒》

摘自：《惜馀医存之三·温病条辨时方歌括·代序》

晚清江南名医柳宝诒，医德高尚，医术精湛，著述宏富，门生中多名医。尤因其对温病伏邪辨证、治疗见解精辟，在温病学派中独树一帜，丰富并完善了温病学说。其创建的柳致和堂药店，自制的丸散膏丹，疗效卓著，名闻遐迩。柳致和堂膏滋药煎制工艺，已列入国家非物质文化遗产名录。近时，医药界研讨柳氏医学思想的文章和论著，日见增多，日趋深入。一些文著中涉及其名字与生卒，或多或少还存在一些错误。已见几篇专门探讨其名字及生卒的文章，所论也是正误参半。笔者祖母柳蕴毅系宝诒公玄孙女，太外公柳民元系宝诒公大房曾孙。现据所知的文史资料、实物资料和口碑资料，对宝诒公的名字及生卒，作一说明，供柳氏研究者参考。

一、名字

柳宝诒，字冠群，又字穀孙（谷生）。医斋号惜馀小舍，故自号惜馀小舍主人或惜馀主人，晚号惜馀老人。

柳家几代子息不旺，喜得弄璋，取名宝诒，意谓天赐宝儿。此名之书写，也常见有错。《中国中医人名大辞典》误印为柳宝治，这恐是"诒""治"形近所致。多年前的文章，依此而误写者不少。近时已少见了。笔者所见不少出版物或手抄本，亦有记作柳宝贻者，如《江苏医人志》中亦写作柳宝贻。"诒""贻"两字，读音相同，字义部分相同，部分相异，是交叉概念，不是等义字，亦非异体字。再说，宝诒公毕生署名及所有名章，均为"诒"，无一处作"贻"。作为人名符号，笔者认为当尊重署名习惯为诒，不要诒、贻混写。

取字冠群，寄托着长辈的期望。宝诒公在同治四年（1865年）科举考试中，名列秀才第一名，后为贡生，又以优贡进京官授正红旗官学教习。童试发榜名单为"柳宝诒冠群"名字连署。此其一。民国《江阴县续志·卷十六·人物·艺术》："柳宝诒，字冠群，岁贡生。为人和厚，好学能文。工书，尤长于医……"此其二。江阴周庄《柳氏宗谱》："宝诒，字冠群。"此其三。三例佐证，可以看到宝诒公在24岁前就以"冠群"为字，这是他使用最早和使用时间最长的字。

又字穀孙。穀孙即"有穀诒孙"，意思是"君子的美好品德，下传子孙"。句出《诗经·有駜》："君子有穀，诒孙子。"郑玄注："穀，善。诒，遗也。"此句也可理解为"君子期望子孙能一代代传承美好的品德"。字与名的含义，都有下传"宝""穀"的意思，富有机趣，十分巧妙。《江阴县续志·卷二十·艺文》："柳选四家医案八卷，柳宝诒字穀孙选评"。说明穀（谷）孙亦为其字。笔者所见，宝诒公遗留至今的众多印蜕中，有"君子有穀"四字章，有多方"穀孙""穀孙氏"字章及大小不同的"君子有穀诒孙子"闲章，均可印证。近人有关著述中，或作"名宝诒，字谷孙，号冠群"，或作"名宝诒，字冠群，号谷孙"，都是与实际情况有出入的。

柳宝诒故居第一进天井（故居有五进天井，这里记叙的是依家中习惯，从北向南算起），东侧有一小间侧厢，是宝诒公诊病、著述、授徒之所，颜额"惜馀小舍"。馀即古人所谓三馀："冬者岁之馀，夜者日之馀，阴雨者时之馀也"。取"惜馀"为号，是诫勉要珍惜光阴之意。笔者母校南京中医药大学教授当代名医黄煌老师，早年走访周庄与笔者太外公柳民元晤谈时，曾赠送一套照片，是宝诒公生前所用的"惜馀""惜馀小舍"室名章及"惜馀小舍主人""惜馀主人""惜馀审定""惜馀书屋藏书"大小多方印章的照片。宝诒公晚年也自署"惜馀老人"。其所遗医案中，有一种署为"惜馀医案"。当代名医、镇江医学院教授曹永康先生在给笔者祖父鲍汉祖的信中写道："民间刊《柳冠群医案》中，以伤寒杂病为主；《惜馀医案》中，以温病治案为主。近时已有多种版本重印。"柳公以惜馀为号，也常用于诊余的书艺活动中。

笔者曾听祖母讲，家中晚辈或族人论及柳公，或用称谓或叫"冠群公""宝诒公"。又因柳公有政府正五品官衔，百姓当时大多称呼其"冠老爷"，同级同道称呼其"冠先生"。大致情况是：在早期，在公务、社会活动中，多称"宝诒"或"冠群"；在后期，在医事、艺事活动中，多用"穀孙"或"惜馀主人"。

二、生卒

宝诒公生卒年月，误记者比比。生年对了卒年错，卒年对了生年错，生卒年都记错。所以有必要考定一下。

《柳氏宗谱》记载："（柳）宝诒，字冠群。生于道光廿一年辛丑三月二十日，卒于光绪廿六年十二月初一子夜。"旧谱用的是帝号纪年，又是农历，现时惯例要翻记成公历年。一般情况下，转换极易，特殊情况就应细心核查。宗谱记生于道光廿一年辛丑，翻记公历为1841年。农历三月二十日公历为4月11日。卒年光绪廿六年，粗看是1900年，但该年农历十一月十一日为公历1901年元旦，逝于十二月初一，已进入1901年20天了，所以卒年应为1901年，十二月初一公历为1月20日，子夜逝世，据江南丧俗，应定为1月21日。

柳宝诒故居大厅上岁时年节挂有宝诒公庶祖母沈太夫人神像，供后辈祭拜。神像上端有光绪二十六年闰八月宝诒公自撰自书的长篇像赞，文中有："吾父（宝诒公父亲柳明）于道光二十二年得咯血证而卒……诒甫过周晬，吾妹之生，则后吾父之卒两月矣。"周晬即周岁，道光廿二年刚过周岁，则宝诒公生于道光廿一年（1841年），明矣。谱载与自书一致，并非单证。

总之，关于柳宝诒的名、字、号以及生卒，应记为：柳宝诒，字冠群，又字毂孙，号惜馀、惜馀小舍主人、惜馀主人，江苏江阴周庄人。生卒记为：生于道光廿一年辛丑三月二十日，卒于光绪廿六庚子十二月初一子夜，翻记成公历为1841—1901年。60岁。《历代名医医案类释》记柳公为江西贵溪人，误。

姓氏和生卒是人的家世事行中最基本的信息。柳宝诒生平距今仅一百多年，作为后辈，有责任考订明白。而且，江阴周庄东街柳宝诒故居修缮工程已告竣工，事迹布展工作也将开始。作为后代，我们希望在布展工作时能把柳公的名字和生卒记录正确，免得迟迟于他歧之间。

鲍　昭
2019年于无锡市中医院

曹永康给柳民元信

镇江医学院教授、江苏名中医曹永康先生复柳民元先生（编纂者父亲）的信件。

民元先生大鉴：

大札由黄煌医师转来，拜读、聆悉。拙作《记柳冠群先生》小品文，乃刊于《江苏中医》1958年第七期，《江阴文史资料》予以转载，以彰令先尊祖之医德，为乡史生辉不少。

关于《惜馀医案》（一册）与《柳冠群医案》（三册）为姊妹篇。

《惜案》以温病治案为主，《柳案》则包括时症杂病。昔年弟抄录时，鉴于二书雷同者较多，因采取保留《柳案》全貌，而将《惜案》中与《柳案》重复者删去。"文革"前，江苏人民出版社出版一次《柳宝诒医案》，近年上海科技出版社也出版一次，据其前言所说，系上海张耀卿得之方少纯者。[鲍汉祖按：张氏藏有柳宝诒医案三种，一为《临证治验案》系门人方汝龈少臣选录；二为《惜馀医案》，系惜阴主人——恐为惜馀主人——录；三为《仁术志》，系门人徐同学迪侯录。据岳父柳民元撰《清代名医柳宝诒和周庄柳致和堂药号》一文载：（1983年）据八十二岁的老中医方鼎臣回忆，其父方少纯亦为冠群公弟子，藏有手抄本十数册。抗日战争前，方氏父子到无锡蠡园王氏族办的施诊所行医时，将那些手抄本带在身边，后被施诊所另一医生许伯安借去，从此未归还。许伯安早已去世，那些手抄本已无下落。]弟曾作校对，内容基本相同，仅病症分类略有别尔。翁（同龢）序乃为《柳案》所作，观序言所述，《柳案》为冠群先生手定稿，而由张梦得请翁作序。今遵嘱抄奉翁序全文，请捡收。再者，《江苏中医》1962（9）35刊有"中医柳冠群先生记实"一文，系江阴城内祝耀长先生所撰，内容颇丰，亦可资参考。

　　草此奉复　敬请

大安！

教弟　曹永康　谨启
1985.11.14

民九兄、缪梁兄请代候

民元先生大鉴：

大扎收悉，《江苏中医》因逐年装订成册，今特抄上祝耀长先生所撰《中医柳冠群先生纪实》全文，请检收。愧未将原杂志寄上。请鉴谅。

张梦得可能是文学家，我亦不知其史迹。足下广搜先人遗泽，载入史册，以垂久远。孝思不匮，永锡尔类，良足钦佩。耑复即颂：

撰安！

弟曹永康谨启
1985.12.8

祝耀长：《中医柳冠群先生纪实》

冠先生，江阴周庄乡人，方圆数十里之内，皆呼"冠先生"而不名。所以然者，冠先生以医鸣于时，不仅手到病除，而且无分贫富，一视同仁。日诊数十号无倦容。常置本质钱桶于堂，病家投数十小钱或银币数角，冠先生不较多寡，亦不设人监视。对症则视察綦详。有复诊至十数次者，必全愈而后已。曰："此亦学也"，其负责精神如此。以此，人咸敬之重之。

冠先生姓柳，名宝诒，字谷孙，号冠群。生于道光二十二年，卒于光绪二十七年（1842—1901年），享年六十岁（名、字、号、生卒另有专文——编纂者）。县志称其"为人和厚，好学能文，工书，尤长于医。著有医学丛书十二种，第五种至第八种已梓行。"

冠先生原本儒家，同治岁考第一名秀才，所谓"泮元"者也。与清季江阴京宦左都御史陈名侃为盟兄弟。曾以优贡入京，考取知县。其时，清政府腐败，天下鼎沸，先生拂然回里，由是专攻医术，以三十余年之辛勤劳动，不仅活人无算，更著书立说，嘉惠后学。从之学医者，有常熟金石如，杨舍郭吉庆，华士陈（承）宝庭，昆山吴晋丰，周庄赵静宜，城区沙蔼士、邓佩春、王宝如，皆一时名医。占文桥邓养初以治伤寒著誉，则其问业生也。从游者均兼具文学，出身秀才云。先生能文，惜无遗稿，书法苍劲朗润，与同时人苏煆、孟起凤齐名。平时生活俭约，其周庄南（东）街故居，有厅曰敦伦堂，极陈旧，系先生诊病需要，购之他人者。厅前左首侧屋三架，一偪仄斗室，即柳著所署"惜馀小舍"。先生著作繁富，均成于此室。然先生律已如此，而对待学生则提挈惟恐不及。在乡设文社，考较乡里子弟文艺，历时甚久，其费用一出于先生。又与东南乡绅董薛春泉创设东南乡试馆于城内，并董理其事，便利东南二十六乡学子之入城考试者。光复后，改称东南乡学社，犹能补助学生外出求学，遗惠甚远。

先生病乡间药物不备和泡制草率，乃自设药店曰"致和堂"于周庄。饮片道地之外，自制丸散多种，远近乐购。民国初年，其子剑寒增设致和堂于城内。现在县内国药店之规模较大者，尚推此店。先生既有诊金收入，又有药店获利，应可殷富，乃竟无田产，亦可异矣。于此可见其为人欤！

先生活动虽广，然不乐城市。诊病之余，常居斗室，专心著作，颜其斋曰"惜馀"。光绪中年，江苏学政龙湛霖母病，邀先生诊视，城乡相隔二十里，快马催促，络绎数起。先生已在邀请者口中探得显非重症，未能即去。学台认为先生身价隆重，不轻外出，竟出动炮船三十余艘以资保护，由周庄南河驶抵其家。倾动乡里，观者如堵。病既瘳，学台欲以秀才为市，询其子则才数岁，又无近亲需要关节，不获已，提出一从业之小学生徐宝光，才十六岁。学台连称"可以，可以"。徐竟以是年入学。学政荒唐，堪为发噱。是时，常熟翁同龢已受谴家居，请先生诊视，曾亲自撰书楹联相赠，尚保存其家。先生医名满澄琴，今之重先生者，不因其名噪一时，而多以其著作精勤。《柳选四家医案》有数种版本，印行甚广。《温热逢原》一书，曾经印行，前辈医家认为必读之书。其书辨析温热，具有科学精神，不勦袭前人旧说，而一归之于实事求是，分析其病症来源，而重于对症下药。先生除长于温热外，对疟痢亦研究甚深，有《疟痢逢原》一书，与《温热逢原》为姊妹作，苏州名医曹沧洲作序。此书手稿，其子剑寒保存三十余年，抗战时寄存上海外滩中国银行，战乱中遗失，未能梓行，实为可惜。

  今春，县科委为发掘祖国医学遗产，特访其家。通过医务界座谈，得获见先生遗著《惜馀小舍·仁术志》手抄本三册。此书辗转授受已六十余年，最后珍藏于华士医院叶秉仁医师处，亦已二十余年。所称《仁术志》，实为柳氏医案精华，有处方、有理论，首尾毕具。说者谓"是医务界理论与实践相结合之范本"，至可宝贵。

  先生毕生心血，今得党政重视而被发扬，可谓千载一时。但吾人之所以重先生者，不仅崇仰先辈，更重于鼓励来者。先生如不接近劳动人民，多看多问，而又潜心学术，广征博引，又何能积累经验如此之富，著述如此之多而嘉惠后学如此之深耶！不揣谫陋，谨述其事如上，采风者，亦得为征信之资料云。

（录自《江苏中医》1962·35·9）

（编纂者注：《江苏中医》1962年第九期35页）

一、医德：医德高尚　仁术仁心

  柳先生深受儒家良相良医思想影响，为人和厚淳朴，其律己重以周，生活自奉简约。在医事上认为医乃仁术（先生部分医案定名《仁术志》），医者应具仁心。以仁济世，治病救人是愚壶的大旨。

先生家境清苦，对晚清百姓生活艰辛和病家疗疾困苦十分了解。在医疗上，坚持医无贵贱，一视同仁，反对以贫富取人，厌贫爱富。先生对诊金的收取方法，十分灵活。在现今柳宝诒故居临东街的第一进三开间中间一间（西间为柳致和堂药店，东间是门生的起居室），置一木质钱筒，病家进门，自投数十小钱或银币数角，即为号金和诊金。病家投币后进大厅转入惜馀小舍，即可诊病，无人看管，全凭病家自愿。

先生常对门生说：富家患疾就医早，故较轻；穷人得病后因缺钱常常硬挺硬拖，故就医时往往危重。为医者在诊治先后过程上，切忌轻慢穷困患者。遇贫苦病家，诊金减半或免收。无力配药者在方单上印打凭记，药金由惜馀小舍与药店结算。路远者还常提供餐食乃至回程路费。

平日里先生黎明即起，先检查门生早读早课。早饭毕换上干净轻便服装（犹同于今之工作服），端坐惜馀小舍，凝神屏息，号脉开方。病家坐大厅上依次候诊。先生于病家，望问闻切时神情专一，神态温和，低声轻柔，日诊几十号无倦容。下午出诊常至晚而回。晚间为门生讲解医理。凡对症，则视察綦详，大都一、二诊即手到病除，疑难症复诊有多至二十次而愈者。危重传染病，有连续奔走二十多天，必欲病除而后安。

柳先生尊重、友善中医同道，故周边同业者有经济上为难时，业务上有疑难时，都乐于找先生商议，先生也总是尽力帮助。

凡此种种，坚持几十年时日，无不反映出先生宅心仁厚。故柳先生逝世出殡那天，倾动乡里，从周庄东街柳宅至砂山主峰北麓墓地，四五里沿途，百姓相拥送殡，一片哭声。

二、医技：治病疗疾　技精如神

柳先生一生悬壶三十多年，技精如神，活人无数。擅治伤寒杂病，妇幼诸科，是晚清著名医家。先生学养宏富，勤于临床，重视理论结合实际，在温病理论和治疗方面，多有创见、自成流派，是晚清杰出的温病学家。

在伤寒杂病方面，如以被风木之邪而致病的疟疾治症为例，先生以症状分疟疾为先寒后热的"寒疟"、先热后寒的"温疟"和但热不寒的"瘅疟"，以发作时间上又可分为间日、三日或四日疟，凡疟，则治疗总则相同，但类型不同，则治法亦随之同中有变。又以治痢为例，先生曾著有《疟痢逢源》一书，专论疟疾与痢疾的经验治法，可惜此书失于战乱，至今杳无面世信息。但从其医案中治血痢、休息痢案例来看，常用疏涤浊滞、健运脾阳、滋养胃阴等法，如有兼夹外感，则需表里兼治。再例治黄疸，首须分清湿热黄疸或寒温黄疸，治疗以清湿疏浊为基本原则，但亦是类型不同，用药有异。又如咳嗽诊治，柳先生认为古今疾病变化繁多，治咳需分清虚、实、痰、饮，对症施治。实证者偏重清降肺胃，疏络止咳；虚证者以养阴为主；虚实夹杂者，以清养为治咳大法。它如霍乱、咳血、虚损、肝风、神志以及诸窍痛、妇科、小儿，遇症施治，有经典理论为根据，详察病家病情具体状况，立方用药，有理有据且符合实际。因为辨证源流清澈，施治随时得体，故常药到病除。伤寒论治，先生撰有《伤寒提要论》，简要通俗、易记易用，反映了先生对《伤寒论》的理解和运用。

柳先生毕生致力于"伏气发温"的研究，撰著有《温热逢源》一书，提出了伏温的发病观、病理观、辨证法和治疗法。强调温病亦应以"六经"辨证论治，治疗首创以泄热透邪、养阴补托为大法。其辨证论治，源流清澈，立法处方，切中病要，产生有诸多的创见和方法。

中医医道，源远流长，人才济济。但东汉以后，统治者以儒学治国，"忠恕孝悌"思想独重人伦，也渐渐偏离了经典中医人天并重、天人合一的理念。历代儒生用儒学眼光阐释以道与易为基础的《伤寒论》，仲景的真意渐渐湮没。宋金战乱，民不聊生，为救倒悬，金元四家各呈己学。各言其是，未成统一的学术思想。伤寒有《伤寒论》为圭臬，尚有统一的概念，而对于温病，明清以降，求证治病，各出机杼，卫气营血辨证，三焦辨证，八纲辨证乃至脏腑辨证，不一而足。六经之法，日遭荒废。

柳先生对金元明清的温病学说，广读深研，将各家学说汇集，明其缺陷，取其精华，结合自己的思考和临证经验，汇成《温热逢源》一书，尝试整合各家学说统一于六经证治，使温病学说有统一而完整的学说。先生的创新性的理论见解，完善了中医温病理论，回归至以道与易为基础的医道理论，做出了巨大的贡献，被誉为温病学说的集大成者，是继叶薛吴王之后又一位温病学大家。

柳先生天资聪颖，记忆力过人。诊病施药，富有特色。

先生诊病，望闻问切，细致谨慎又运用自如，技艺炉火纯青。试以望、切为例，明其特色。

人体是一有机整体，有诸内必形诸外。柳先生深知体表形态，都是脏腑经络病变及邪正盛衰在外表产生的各种不同的反映。同样是鼻准，"发红"是"痰火之据"，而"色变青紫"是"阳气所不周之处"，又如"项肿"，有因"痰浊乘风火之势"；有因"项右结核"，属"郁痰挟木火循少阳之经阻结不化"，其细辨如此。先生精于舌诊。病案中同样是"耳鸣眩晕"，病情相同，但有的"舌苔白厚，舌质不红"，故为"脾阳不运，湿浊内聚"；有的舌质光滑少津，苔薄而浮"，故为"阴虚肝旺"。一实一虚，截然相反，辨明舌象，昭然若揭。

中医脉证，知识庞杂，脉象玄幽。学者畏于区别，往往莫衷一是。《本草备要》序言中说："医学之要，莫先于切脉。脉候不真，则虚实难辨。攻补妄施，鲜不夭人寿命者"。脉象可反映疾病的病机。通过脉诊可知人体气血阴阳盛衰的情况，确定病机、指导用药和了解疾病的转归变化，是十分重的治疗手段。柳先生深谙其中利害，精于脉证。从柳先生留存的几张残缺的课徒脉证讲义上，先生把庞杂繁复的脉诊知识浓缩、简化，化玄眇为明畅、化散乱为简单。

先生在课徒"诊脉捷要"残纸中，把几十种脉象进行归统，认为常用的28种脉象，"不越浮、沉、迟、数、滑、涩，六字"。"六字"足概表里、阴阳、冷热、虚实、风寒燥湿、脏腑气血也。认为浮、沉相对，浮为阳为表，沉为阴为里。数脉在腑，为热、为燥、为实；迟脉在脏，为冷、为寒、为虚。滑脉血有余，涩脉气独滞。学者如缕晰以求，则疢（chèn，病也）疾莫能逃矣。六种脉象又归为三对，十分好记。况且，浮沉是指举按轻重言，洪、芤、弦、长、濡、虚、散，皆轻按而得，故统于浮；短、细、实、伏、牢、革、代，皆重手而得，故统于沉。迟、数关乎一息之跳动次数，微、弱、缓、结，统归于迟，紧、促、动，统归于数。滑脉虽似数，涩脉虽似迟，因二脉多关乎气血，故脉理有别。二十多种脉象，归为一按（浮沉）、一息（数迟）、一望（滑涩）六纲三对，至简易用。当然，柳先生也重视强调诊病要四诊合参，以及明了何时从证不从脉，何时从脉不从证。诊脉又贵乎在掌握六纲三对的基础上，学习掌握细辨二十八脉象的差别。

柳先生用药，特色鲜明。如肝病，分为肝气、肝火、肝风三类。以为凡肝实之病，当疏肝气、疏肝瘀、泻肝火、祛肝寒、镇肝逆、清金平木，实土御木为要；凡治肝虚之病，以扶肝气、养肝血、敛肝阴、息肝阳，滋水生木为务。先生辨治女科诸疾，注重瘀热内蕴为患，注意久病入络、久病伤阴、久病瘀血治疗。用药十分灵巧。如温热病邪，易伤阴血，阻滞络脉，先生善用鲜生地与豆豉同打。治产后伏邪与瘀血恶结，蒸蕴化热，瘀阳气室，当归与白薇同用，养中而兼透达。立方虚实兼顾，相得益彰。又如妇人月信杳然，营分内热，方以泻热化瘀，常用大黄配红花。经来少腹撑痛，邪瘀留结经脉，当归尾配小茴香。妇人两乳核痛，少腹极滞，丝瓜络配乳香，以行血中之气而调经水。

它如善用膏方丸方，其制丸之法，尤具巧思。泛丸之法，不止十种，例橘叶汤泛丸，竹沥、姜汁相和泛丸，藿香陈皮汤泛丸，河车煮烂与药末捣和为丸，怀山药粉煮糊为丸等。煎药之水，如小麦煎汤代水、赤小豆煎汤代水、益母草同陈酒代水，形式多种各藏其妙。服药之水，如枣汤下、白萝卜汁调服、金银花汤下、姜汤下、橘红汤下，随证设施各尽其用。如此种种，难以尽记，一切以却病致和为旨用。

三、致和堂：藉*物致和　益效便民

柳先生深知临床、医理与药理之间关系紧密且都十分重要，故临诊处方时十分重视它们之间关系的把握。这也是先生编撰作为课徒教材的《柳选十四经腧穴相使引经》一卷的原因。书中逐经论述十四经之名称，五行、阴阳、藏象、表里、子母、克贼、不足有余、脉象、腧穴、补泻温凉等以经归类，用药规则，提出用药宜忌。柳先生还编写了《中药十剂》，把历代医家对徐之才"中药十剂"提法的评论、补充，汇成一卷，指导后学。

先生对用药配伍以及药物的炮制，严谨细致，多有创新，故治病效果往往不同凡响。由于重视药物归经的运用，选用道地药

---

*编者注："籍"通"借"。

材，制法变化灵活，遵古法而多推陈出新，所以施用的改良药及秘制药，药效独到。先生善以不同的炮制方法转化药性，改变药用，增加其多用性，制药之劣性，增药之特性。引药归经，相须为用，增强药物疗效或扩大治疗范围。由于对药性娴熟于心，故运用得心应手，手到病除。柳先生还擅以药材煎煮药材，通过药材的相生相克来监制其劣性，增强其药性。柳先生的用药制药特色为后世临床用药扩阔了思路，提供了宝贵的借鉴。

  这些，依秋霞博士在《中医历代名家学术研究丛书·柳宝诒》一书中，有较为全面而深刻的分析。例如，书中记载了柳先生"善用膏方按体滋养"，认为先生临证辨证细致，立法有度，善用丸散膏丹调治多种病症，尤其善用膏方来调理体质虚弱以及病后阴伤或营阴不复者，其处方严谨，治病辨证识体，务求药人相应。先生制膏，药材考究，用药地道，疗效可靠。

  再如秘制丸散，使古方为今病所用。如柳氏自制保赤金丹，一丹治小儿痰、热、惊、积，洵儿科中至妙之丹。先生常采用不同的药物炮制，缓某药之性而为治病所用。如治疗邪热合肝火伤阴而咳血，用"米汤蒸拌"墨旱莲。墨旱莲凉血止血，但性寒，米汤拌蒸，可缓其寒性，以免伤阳。先生用药善于因势利导，借助药力透邪或托邪外出。如鲜生地黄，以薄荷同打，借薄荷辛散之力，透邪外出；以豆豉打，借助豆豉解表透邪之功，托邪外出；以苏叶同打，借助苏叶解表散寒，理气宽中之效，治疗气滞阴涸兼有痰浊之痧痢。先生重视配伍，以增强药性。在《柳宝诒医案》中，记载其喜用药对、重视配伍的案例。例如阿胶一味，用"蒲黄粉拌炒""蛤粉炒""青黛拌炒""地榆炭研末炒""牡蛎粉炒""生研，蛤黛散拌炒""酒炒川连、地榆炭，二味研末，拌炒"，治疗各种火盛伤阴的血症。先生用药重视六经形证，善于用炮制之法引药归经。如细柴胡和解表里，疏肝升阳，"醋炙"可引药入肝经，治疗木陷土郁之鼓胀，增强疏肝理气之力。

如此等等，百例举一而已。

柳先生有感于当时乡间药物质量低劣，且有不良商家以假冒真，以次充好，药料短斤缺两，影响疗效，炮制亦不守法度，出于益效便民，故于光绪十六年（1890年）自设药店，开办柳致和堂药号。药号设于柳宅一进西间，不久扩大门面，搬至周庄镇中街坐东朝西门面。光绪二十年（1894年），又在江阴城东大街开设柳致和堂分店。所以将店号取名"致和"，是因于藉药物而致和，即为良医之说。亦谓致力于医，饮之太和也。

店中除配方饮片外，还自制丸散膏丹。药用道地，修合精心，按症服用，奏效如神。其秘制之圣济大活络丸、女金丹、保赤金丹等，疗效显著，畅销近埠外省。其精制的柳致和堂茄皮酒和柳致和堂玫瑰酒，在1915年巴拿马万国博览会上，双双获得银奖。柳致和堂煎制膏滋药技艺精湛，疗效显著、影响巨大，文化部于2010年正式公布"江阴致和堂膏滋药制作技艺"，入选国家级"非遗"名录。光绪戊戌（1898年），先生将柳致和堂所制丸散膏丹分门列目，编成《柳致和堂丸散膏丹释义》分赠客户。2021年，鲍昭将《释义》家藏木刻本和柳氏自藏丸散薄合为一集成书。

柳宝诒:《致和堂跋》

万物所藉以生养者，太和元气也。天时、人事或失其和则病矣。医药者，将以调其不和者，俾得致其和也。导其和，惟药之功，违其和，即药之过。然则选药之精、制药之宜，所以程致和之功能者，将于是乎在，而谓可卤莽[1]从事哉！颜其额曰：致和，藉以自勖[2]并以勉诸同志云。

光绪十有六年庚寅四月 惜馀主人书识

注：[1] 卤莽：即鲁莽。

[2] 勖（xù，音序）：勉力，勉励。

柳宝诒：《柳致和堂丸散膏丹释义》弁言[1]

本堂自庚寅年刱[2]设以来，将及十稔[3]。一切丸散膏丹，依法修制，日益求精。凡购药施用，靡不应手取效。迩年来，远道购药者逐年增益，职是故也。惟见信者愈多，则责效者愈切，而本堂之修制愈不敢稍形粗率，以辜诸君子之厚期。今特与在堂同事诸友再四订约，不敢稍涉自欺。因将本堂所备丸散膏丹分门列目，并将各方中药品，修制、配合、治病之理，逐方详释，汇成全册，精刻分赠。倘蒙诸君子有意惠顾，即可按门检查，随证购用，不至有疑误之虑已。惟大雅鉴之。

光绪二十四年岁次戊戌鞠有黄华之月[4]致和堂主人穀孙氏谨识

注：[1] 弁（biàn，音便）言：前言，引言。

[2] 刱（chuàng）：即创，创设。

[3] 稔：即年。

[4] 光绪二十四年岁次戊戌为公元1898年；鞠有黄华之月：鞠，此处通菊。菊有黄花之月，即阴历九十月菊花开放之月。

鲍昭：《柳致和堂丸散膏丹释义》后记

先外太祖柳宝诒先生，1841年（清道光辛丑）出生于江阴周庄东街，家境清贫，周岁丧父，10岁亡母，由祖母抚养成年。6岁前入塾，从缪蓉堂、缪融翘诸师学，受四子书。先生聪慧夙成，手不释卷，稍长即博览群籍，学问渊邃。加之其"踔厉风发，少时即名噪艺林。尤究心岐黄之术，上自灵素内难，伤寒金匮，以迄历代名医著述，靡不精读精研，以探其奥蕴"[1]。24岁（清同治乙丑1865年），江阴县童试第一名。26岁前已行医乡里，医技高超，名满澄江。45岁（清光绪丙戌1886年），"以优贡试用正红旗官学教习，兼悬壶于京师。士大夫以病求治者，辄着手成春，由是声名籍甚"[2]。在京城四年，后返里归隐。先生最后十多年，在居宅所辟出的"惜馀小舍"中，潜心医学，治病救人，并著书立说，教授门徒，终于成为中医温病学派的代表人物之一及中医教育大家。

先生医术高明，活人无数，但目睹乡间药物购买不便，加之炮制草率，纵有良方，难配好药，贻误病机，影响疗效。遂于1890年（光绪庚寅）在周庄住宅第一进（面北临东街）开设柳致和堂药堂。先生认为："万物所藉以生养者，太和之气也。天时人事或失其和，则病矣。医药者，将以调其不和者，俾得致其和也。"[3]因之定药堂名为"致和"。由于选药精，品类全，制药宜，价格实，药店初开就赢得一片赞誉。不久药店迁址周庄中街，扩大了业务规模。4年后，又在江阴城中大街开设柳致和堂分店。后来，分店转让给城中章姓[4]，后又转让给徐姓经营。转让后去柳姓为致和堂药店。1949年后，致和堂店焕发活力，公私合营后发扬老店传统，业绩为江阴同行冠首。2007年，百年老店致和堂被商业部正式评定为"中华老字号"。周庄柳致和堂，在1901年先生逝世后，由大房及小房合股经营。抗战期间，业务艰难，后来又迁回东街老宅经营，直至上世纪五十年代初，因柳氏后人或外出求学，或转业教育工作和西医而歇业。

柳致和堂药店拥有汤药饮片和自制丸散两部分。柳先生既注重医药并重，用药也注重汤剂、丸散并重。要求药店职工做到：进货道地质优，保管防潮防霉，修制精益求精，配方细致秤足，不许稍涉自欺。柳致和堂精心修合的圣济大活络丸、人参再造丸、女金丹、保赤金丹、带下丸、秘制半夏丸、姜粉痧药等均疗效显著，畅销近埠外省。其精制的茄皮酒、玫瑰酒，在1915年巴拿马万国博览会上，双双获得银奖。运用膏滋药治病和治未病，是中医药传统的手段。柳致和堂因坚持细致辨证，一人一方，严谨配伍，考究用料，精当炮制而久享盛誉。门徒药工言传身教，代代相沿，直至今日。江阴致和堂因其制膏技艺精湛、疗效显著、影响巨大，文化部于2010年6月正式公布"致和堂膏滋药制作技艺"入选国家级"非遗"名录。

1898年（光绪戊戌），在柳致和堂创办将近10年之际，先生将柳致和堂所制丸散膏丹分门列目，并对方中药理配伍，逐一剖释，编成《柳致和堂丸散膏丹释义》，亲撰序跋，并由国学大师俞樾（曲园）题签，木刻印行，分赠客户以便按门查检。《柳致和堂丸散膏丹释义》丰富了中医药"方书"学的内容。读者从中可以窥见先生的药理辨证思维，遣方用药的经验和成果。这些对于提高临床诊疗水平，至今仍有相当的帮助。

柳氏家藏木刻原本，有释义而未载组方。今据柳氏自藏丸散簿，把方药列于释义之下，合为全璧，更方便阅读、研究。

原木刻本繁体竖排，现改为简体横排，加标点符号。药材遵用规范字，异体通假径改通行正体字。

限于识见和水平，错误之处，敬请指正。

宝诒公外曾孙女　鲍　昭
2019年10月初稿
2021年10月改定

注：[1] [2]《柳冠群方案》翁同龢序。

[3] 本书《致和堂跋》。

[4] 柳宝诒逝世十多年后，其幼子娶章姓女为妻。柳章两家成为亲家。

柳蕴强：《为了保护和传承中医药文化遗产——写在致和堂膏滋药荣列国家级"非遗"名录的日子里》

2010年6月，文化部正式批准江阴致和堂药店膏滋药制作技艺入选国家级非物质文化遗产名录。在全国选送的数千个"申遗"项目中，致和堂膏滋药通过层层评选，脱颖而出，一举荣升"国家级"，其中原因决非偶然。笔者作为膏滋药主创者柳宝诒的第五代孙，亲身见证了几代江阴人为保护和传承中医药文化遗产作出的不懈努力。

一、从江阴名店到"中华老字号"

众所周知，致和堂的创始人柳宝诒，"周庄镇东街人，清末名医。出身清贫，周岁丧父，10岁亡母，由祖母抚养成人，自幼手不择卷，稍长博览群书，经史子集而外，旁及历代医学。清同治四年（1865年）秀才第一名。后以优贡入京，廷试后试用正红旗官学教习，兼行医于京师，士大夫以病求治，辄着手成春……"（见《江阴市志》）。后因清政府腐败，拂然弃仕回乡，在家辟出"惜馀小舍"，潜心医学，治病救人，并著书立说，广收门徒。由于医术医风俱佳，不久便名传苏锡常。

柳宝诒医术高明，救人无数，但目睹乡间药物购买不便，加上炮制草率，纵有良方，难配好药，贻误病机，影响疗效，遂于光绪十六年（1890年）在周庄住宅第一进开设柳致和堂药店。他在《柳致和堂跋》中阐明："万物所藉以生养者太和之气也，天时人事或失其和，则病矣。医药者，将以调其不和者，俾得致其和也……"此乃店名"致和"之真义。由于柳致和堂选药之精，制药之宜，货真价实，开张不久就赢得赞誉一片。当时在中医药界，就流传"北有同仁堂，南有胡庆余堂，中有柳致和堂"的说法。

4年后，柳宝诒又在江阴城中大街开设柳致和堂分店，当年转让给亲家章氏经营，店号用"致和堂"，而去"柳"字，不久又转给药工徐氏经营。周庄柳致和堂，一直由柳氏后人主事，曾迁至周庄中街，业务范围遍及东乡及邻县各镇。抗战期间，民不聊生，百业萧条，加之西医传入，中药业务跌至低谷。为保护名店牌子，柳氏曾不惜亏本经营。后又迁回东街老宅，装饰后重新开张，直至解放之初。1958年前后，老宅内柜台、药柜、药库依旧完好，门口还有"柳致和堂药店"的招牌。柳氏各种丸散成药的秘制业务，抗战起由柳氏大房后人继承，直至20世纪50年代，还常有常熟、杨舍、长泾等地的病家上门索购。此后，家中一直保藏着成套的制作工具和一些包装材料。90年代初，江阴成立中医史馆，柳氏后人积极支持，欣然出借几十件（册）中医药"文物"（包括实物和医书）以供展出。东街老宅第一、二进因年久失修，破旧坍塌而翻成楼房，但柳氏后人至今还居住在这里，不离不弃，忠诚地守望着第三、四进的柳宝诒故居，接待着一批又一批的参观考察者。柳氏后人中先后有数人从事中医工作。我的外甥女鲍为群是第六代，南京中医学院毕业后，去加拿大就业，2005年"柳致和中医堂"在温哥华开张，深受当地华人的欢迎。曾外甥女鲍昭是第七代，南京中医药大学硕士，现工作在无锡市中医院。城内的致和堂，熬过了解放前的萧条困境，终于在解放后焕发青春。公私合营后，人员增加，业务扩大，该店仍保持和发扬了老店传统，不断提高服务水平，业绩经久不衰，一直冠于江阴同行之首。2007年，百年老店致和堂被商业部正式命名为"中华老字号"。

二、从江浙名医到"中国历代百家名医"之一

柳宝诒治学严谨，致力于中医理论和实践经验的薪火传承。他在书房兼医室"惜馀小舍"诊病之余，见缝插针，研读名医著述。一生收授门徒达百余人，其中近半为秀才出身。每晚先生传授医道，门人边听边记，后汇编成《惜馀医话》四卷。柳宝诒将积数十年实践经验的临床案例、整理成《惜馀医案》，付梓出版，常熟翁同龢为之作序，给予很高评价。《柳选四家医案》也由翁同龢作序跋，付梓后嘉惠杏林。从光绪三十年（1904年）到1957年的50年多中，该书连续刻印9次，可见影响之深。柳宝诒晚年潜心著书立说，先后完成《温热逢源》《疟痢逢源》《素问说意》等医学专著12种，统称《惜馀小舍医学丛书》。其中《温热

逢源》一书是其晚期呕心沥血之作，该书博采历代名家之长，结合自身长期探索，剖析52个临床案例，独树一帜地提出医治温病的五条基本法则，这使其成为中国温病学派的代表人物之一。

柳宝诒精研儒家和医家经典，开启了柳家书香之门风，36箱古籍代代相传。在柳家，可以无金无银，不可无书；可以屋破房破，不可书破。笔者童年时，每年"黄霉"之后，家中就要请人一起翻晒古书，天井里大门外，一排排，一行行，包着夹板的线装书，一叠叠一扎扎，难言其数，全家老小的任务就是全天看护这些宝贝。笔者至今还记得，一次大风刮走了一张书页后，父亲那怨恨又无奈的阴沉的脸。那时，常有上海苏州收购古籍的人上门"淘宝"，当时家中经济十分拮据，但父亲一直坚持"一册也不能松手"。然而，1966年，一帮"红卫兵"闯进柳宅，"抄"走了所有的古籍字画，包括柳宝诒的医著和书稿，一摞摞一担担，堆到小学校园里，付之一炬。

野火烧不尽，春风吹又生。浩劫带来了无穷的伤痛，也逼出了人们顽强的"寻古"苦旅。从手头几本20世纪七八十年代的中医药杂志上，就可以看出当时人们已重新开始了有关柳宝诒理论的研究。八十年代中期，南京中医学院黄煌多次造访柳宅，洗劫的创伤坚定了他弘扬柳氏医药成就的决心，他先后在周庄缪氏、刘氏、徐氏等家中发现了柳宝诒的医案、堂簿、手书等，并在常熟、苏州、无锡等地找到了门人传抄的柳氏医著。父亲告诉我，黄煌考研究生的学术论文就是有关柳氏理论的研究，黄煌一直担任柳宝诒学术研究组组长。八十年代末，黄煌还特地向父亲赠送了新版《柳选四家医案》。2003年，"非典"横行，各地中医专家纷纷运用温病学说，参照柳氏医案，开方预防和治疗"非典"，收到了西医意想不到的效果。从此，柳氏医著更加"走红"。《柳选四家医案》等被列入全国中医经典文库。柳氏后人一直坚持着遗著的征寻工作，至2008年，柳氏12种医药专著中，有7种分别在江阴、常熟、无锡、上海、山西等地发现遗本。江阴市档案馆前几年也征集到了珍贵的《柳选四家医案》早期上海刻本，并制作了碟片，用于交流和保藏。十多年来，各卫生、医药出版社争相出版、再版柳氏医著，各地中医药大学均把柳氏温病学说及其医案作为学生的必修课程。江阴市人民政府于2004年评选江阴十大历史文化名人，柳宝诒与徐霞客、巨赞、刘天华等一起，名列其间。江阴名人馆为柳宝诒单独设置展室，陈列遗物遗著，并立铜像以供瞻仰。2005年，江阴致和堂药店装潢一新，在楼上陈列柳氏医药文物和著作，绘制巨幅彩图，再现柳宝诒诊病授徒等场景。4月28日，江苏省中医学会中医基础理论与文献研究专业委员会在江阴大众医药公司隆重举办"晚清名医柳宝诒学术思想研讨会"，农工民主党江苏省副主任、南京市人大副主任、南京中医药大学基础医学院名誉院长黄煌教授与江阴市副市长倪颖伟等主持柳宝诒铜像揭幕仪式，来自全省各地的60多位专家学者参加了研讨会，中华中医学会感染病分会主任委员、南京中医药大学温病学研究所所长杨进教授等交流了学术论文20余篇。次日，全体代表和各种媒体记者赴周庄参观了柳宝诒故居，柳宝诒的影响进一步扩大。2008年，人民卫生出版社收集从战国至民初的医药资料，评选出著名医家一百人，公之于众，并出版《中国历代名医百家传》，柳宝诒荣列其间。

三、从精研丸散膏丹到入选全国"非遗"

柳宝诒注重医药并重，凡生产丸散膏丹，必亲自监制，并定下店规：进货道地质优，保管防潮防霉，配方细致秤足，修制精益求精，不许稍涉自欺。光绪二十四年（1898年），柳宝诒以毕生从医之经验，将柳致和堂所制丸散膏丹分门列目，对各方中药的炮制、配伍、治病之理逐一详释，编成《柳致和堂丸散膏丹释义》一书，由他亲撰序言，并请著名文学家、书法家俞樾（曲园）题签，木刻印行，分赠病家，以便按门查检。柳致和堂精心制作的人参再造丸、圣济大活络丸、参茸卫生丸、女金丹、保赤金丹、带下丸、柳氏秘制半夏、姜粉痧药等疗效均极显著、声名远播。特别是周庄柳致和堂精制的茄皮酒、玫瑰酒,被遴选参加1915年巴拿马万国博览会,双双获得银奖(茅台酒获金奖),为祖国的中医药事业争了光。(《江阴市志》有载)

膏滋药是柳宝诒制作的诸多制剂中的一种,他在中医煎药收膏和民间秋冬进补传统的基础上,深入研究,科学改进,主创了膏滋药的制作技艺。他坚持细致辨证,严谨处方,一人一方,个性配伍,用材讲究,药量精准,炮制精当,并在"释义"一书中作了详细阐述。柳氏弟子及后人在上百年中言传身教,代代相传,直至今日。每到秋冬季节,江阴城乡,特别是城区和周庄一带,各地群众请药店或医院配方熬膏,滋补调理,几乎成为一种民间养生习俗。江阴致和堂因其制膏技艺精湛,疗效显著,前往熬膏者更是络绎不绝。致和堂也培养了一批制膏高手,成为柳氏膏滋药的传承人。2007年江阴大众医药公司成立致和堂中医药研究所,设立膏方应用及中药加工炮制工艺研究室,研究工作取得不少成果。2009年10月,致和堂隆重举办首届膏方节。同月,该研究所成功承办了中华中医药学会主办的全国膏方理论和临床应用学术研讨会暨膏方应用制作培训班,首次将膏滋药制作技艺推向全国。文化部于2010年5月作出公示,2011年6月正式公布"致和堂膏滋药制作技艺"入选国家级"非遗"扩展项目名录,成为迄今为止江阴唯一的国家级"非遗"项目。

(《今日周庄》2013-1-15)

柳蕴强:《周庄柳致和堂两药酒海外获奖百年记》

《江阴市志》《周庄镇志》均载:1915年"柳致和堂炮制的茄皮酒、玫瑰酒,获巴拿马万国博览会银奖"。周庄柳致和堂药店的两款名酒在海外一举双双获奖，曾经光耀乡里，轰动江浙。乡间药店何以产出名品，巴拿马国际博览会是何种赛会，获奖实际情况又如何等等，一直是人们期待破解的历史谜题。今年是获奖一百周年，笔者愿将多年考证之成果，与家乡的朋友们分享，以示纪念。

周庄悠久的酿酒历史

周庄地处长江冲积平原，纬度适中，四季分明，气候湿润，水源丰盛，土地肥沃，适合水稻、小麦等作物生长。从已出土的大量石器、陶器、玉器推断，大约6000年前，就有先民氏族在龙爪墩一带定居，从事农耕渔猎生活。大约4000年前，陶城的先民已能专事陶器烧制。周庄各地曾先后出土了大量灰陶、黑陶、红陶，形态有碗、罐、壶、瓶、钵、豆等等。特别值得一提的是出土文物中还有极为罕见的酿酒用器，说明周庄先民不仅从事了粮食作物的大量种植，而且已经开始用多余的粮食酿酒。

千百年来，江阴东乡各地都有制作家酿的传统，几乎各村都有几个酿酒好手。每当金秋十月，稻米入仓，稍有宽裕的人家就会做上几十斤甚至几百斤糯米酒，人称"十月白酒"，也有春天酿的"菜花黄"，八月酿的"桂花黄"。在周庄民间，过去婚丧喜庆、逢年过节，招待宾客都用家常"老白酒"，纯正醇厚，暖人心脾，着实受人欢迎。也有不少人家自制"甜酒酿"，清香甜润，酒度适中，老少皆宜。直到上世纪七八十年代，还有许多人家早上起来就烧甜酒汤，或加枣子，或加鸡蛋，或加年糕，一碗下肚全身暖和、精神抖擞开始一天工作。除了家常酿酒，也有不少制酒作坊，生产的主要是黄酒，以沙洲（以前把长江冲积的沙滩地区称为"沙上"）的小麦、元麦等主要原料。后来这些作坊逐渐聚集到周庄以北的后塍一带，这也许就成就了现在的"沙洲优黄"。

民间酿酒风气的普及，也推动了药用酒、保健药酒的诞生。

人们在酿酒时加入不同的中药原料，如红花、枸杞、人参、杜仲、木瓜等，就酿成不同功效的酒品，满足不同体质人群的需要，以达到治病强身的目的。

柳致和堂酿成药饮佳品

周庄东街柳宝诒道光二十一年（1841年）出生于一个贫寒家庭，1865年县试秀才第一名，不久以优贡生入京，任为正红旗官学教习，钦加五品衔。后因见朝政腐败，毅然归隐故里，潜心医学，以拯救百姓疾苦为己任，授徒逾百，名传江浙。民国《江阴县续志》载：柳宝诒"……为人和厚，好学，能文工书，尤长于医，著有医学丛书十二种……"他在前人治疗温热医术的基础上，独树一帜地创立了医治温病的五条治则，为我国温病学派公认的领军人物、中国历代百家名医之一。

柳宝诒医药并重，光绪十六年（1890年）在周庄东街开设柳致和堂药店，炮制多种中成药，他亲自编纂《柳致和堂丸散膏丹释义》制订店规店纪，保证了药品的优质高效。柳氏圣济大活络丹、人参再造丸、参茸卫生丸、保赤金丹、柳氏秘制半夏、姜粉砂药等十数种中成药疗效无不显著。特别是柳宝诒广泛吸取民间酿酒技艺，认真钻研古代经典配方，精心酿制了柳氏茄皮酒和玫瑰酒等药饮精品。五茄皮，具有祛风除湿、败毒去肿、强筋壮体之功能（见《本草纲目》）。玫瑰，具有理气解郁、和血散瘀、调经通乳的作用（见《纲目拾遗》《药性考》）。柳氏药酒采用道地药材，科学配伍，精制而成，疗效显著，名传四方。这里可举个例子：柳氏虎骨木瓜酒具有通经壮骨之功效，但虎骨极为稀有珍贵，而柳致和堂用的一直是真材实料，从不掺假。在柳宝诒去世60多年之后，1966年文化大革命开始时，一群所谓"红卫兵"闯进柳宅"破四旧"，老楼上有一间过去遗存下来的药库，排列了上百个陶瓮，都是下半瓮放生石灰，上半瓮保存中药，有人发现有个瓮中竟藏了个"死人骷髅"，吓得赶紧逃走。消息迅速传开，有一街坊老人提醒说："过去柳氏虎骨木瓜酒相当出名，莫非那是珍藏的虎骨？"第二天，这几个红卫兵再次以"破四旧"的名义，劫走了罋中的虎骨。事情又隔了近五十年，当时的当事人已年过古稀，再次提起这段往事，甚感荒唐可笑，同时又都感叹柳致和堂的药酒的信誉和口碑。

国民踊跃参赛国际盛会

上文所述1915年巴拿马万国博览会，全称为"庆祝巴拿马运河开航太平洋万国博览会"。1911年2月，美国国会决定于1915年在加利福尼亚的旧金山举办此次博览会，并向世界各国发出参展邀请。1912年美国先后派出两批使者来中国游说沟通。当时，中华民国刚刚成立，形势复杂，时局维艰，但临时大总统孙中山还是坚定表示，新政府一定会克服困难，设法筹款，积极做好充分准备，不仅要派展团参加，而且要办得比历届都好。之后，北方政府袁世凯也表示尽力组织参赛。很快，刚刚废止帝制的中国朝野形成普遍共识：这是中国实业界观摩学习的极好机会，有助于加强与世界各国的经贸交流，也有助于中国物产的改良提升。中国政府从1913年开始，先后成立了参赛筹备事务局，组建了代表团观光团，并派团前往旧金山修建中国馆等。本着"体现中国国格，增添中国荣光"的原则，经多轮遴选，来自19个省、4100多个出品人和单位的10余万种参赛物品，包括丝绸、茶叶、酒品、陶瓷、手工艺品等，共2000余吨，分两批运往旧金山。

当时的参赛事务局局长陈琪在《我国参与巴拿马太平洋博览会纪实》中记载：1915年2月20日博览会正式开幕，来自31个国家、20万个生产厂家和单位的展品在农业、工业、食品、园艺等11个陈列馆展出。第一天参观人数达20万，整个展期有1900万人次参观，是20世纪世界最著名的国际博览会之一。中国各省工商界人士都以有产品远涉重洋去美国参展，引为自豪。

周庄两款名酒荣耀获奖

柳宝诒研创的茄皮酒、玫瑰酒兼具治病保健双重功能，深受广大百姓欢迎，常常供不应求。1901年，柳宝诒去世后，柳致和堂由其大儿子昌业主持，丸散膏丹的生产和药酒的酿制一直兴旺不衰。柳宝诒的孙子作屏，23岁在上海担任商会教练时，参加辛亥光复起义，任攻打上海制造局前线联络工作，辛亥革命胜利后被派往青岛任职，也可谓见过大世面。因其父英年早逝，民国建立后不久，即返回家乡，主理柳致和堂。此时民族工业发展迅速，吴汀鹭主持江阴商会工作，参赛巴拿马博览会的消息传来，江阴上下也积极响应。民国时的《江阴近事录》有载："商会三年（1914年）……自南洋劝业会出品后，又历办美国巴拿马赛会，江苏出品江阴分会，江苏地方物品展览会……"经层层推荐评选，柳致和堂茄皮酒、玫瑰酒列为入选产品。据柳家老人早年讲述，柳作屏特地去上海选购玻璃瓶1000个，两种药酒各装500瓶，并印制了商标。又有传说，到了上海码头，因各地展品数量实在太多，限运每种300瓶。据资料记载：中国酒品种类繁多，大部分陈列于农业馆，而药酒位于食品加工馆。柳致和堂茄皮酒色泽清亮，醇厚甘甜，回味绵长；玫瑰酒色彩红艳，幽香四溢，品位高雅。真如行家所赞扬："色如榴花重，香比蕙兰浓，甘醇醉太白，益寿显神功。"十分受人青睐。

该年5月，博览会开始组织展品评审团。评审团由来自各国的科学、艺术、工商界代表500余人组成，其中又根据展品门类分为若干专业组，中国有16人参加。评审工作十分认真慎重，直至8月份结束，中国展品获奖章1218枚，为参赛各国之首。《巴拿马赛会展品纪念册》中获奖名册载：银牌奖章：江苏江阴柳致和堂茄皮酒、玫瑰酒。一家两酒，双双获奖，在当时赛会上也极为罕见。（近年资料表明，茅台酒也是银奖，并非金奖。）消息传来，江阴工商界欢欣鼓舞，柳致和堂药酒一抢而空。至

1915年秋冬，参展团载誉归来，省、县又分别给予表彰和奖励。按当时惯例，所获奖牌，存放于江苏省商会。现在我们可以通过网络查找到当年的获奖名单和奖牌照片。

1915年以后，柳致和堂的饮片、成药和酒品一直享有良好的声誉，热销苏锡常。有很长一段时间，柳宝诒生前学生门人的住所也被用作酿制药酒的作坊。直到日军入侵以后，百业凋敝，柳致和堂业务开始衰减。解放以后，由于粮食计划供应，大量的酿造停顿下来，但用于家庭自用的红花酒、玫瑰酒、桂花酒等保健药酒的酿制，依然代代相传，从未停止过。直到20世纪七八十年代，家中还保存着当年做酒蒸米用的八九十厘米高的木头蒸桶、用于凉蒸米用的直径约一米五的大盘篮。用于酿酒的大小水缸不下二十只，层层相套，反扣在前后天井院子中。（大炼钢铁和大办食堂时曾被"调去"用掉了好多个。）所有这些遗物也都见证了柳致和堂制作茄皮酒、玫瑰酒的辉煌历史。

前几年，曾有过误会，认为江阴城里的致和堂药店是1915年银奖的得主。其实，江阴致和堂原是柳宝诒在1894年开的柳致和堂分店。当时，柳的小儿子昌绪才3岁，柳宝诒为其与城中章家攀了娃娃亲，就将药店请章家代管。1901年，柳宝诒去世后，该药店就改用"致和堂"，而去"柳"字，不久，又转让给药工徐同根（见《江阴文史资料》第五期）。城乡两店虽是同一名医创办，但此后就花开两朵，两相自立，各自发展。决不可能十四年后城中店又加上个"柳字"，更不可能巴拿马博览会搞错了，突然加个"柳"字。历史事实不容改变，好在都是我们江阴人的荣耀。

2007年以来，抢救保护柳宝诒故居的工作提上了议事日程，2013年，柳氏老宅已置换为政府资产，江阴及周边县市的文史部门、医药公司、医院等均关注着故居何时修好、柳致和堂要否恢复。笔者认为，作为继承中医药遗产，在抓紧故居修复的同时，研究、抢救、继承、发展柳致和堂的丸散膏丹中成药和茄皮酒、玫瑰酒等药饮，使之不至于淹没在历史的尘埃中，已成为迫在眉睫的任务，更值得业界人士关注。值此两酒荣耀获奖百年之际，笔者及柳氏后裔愿与诸位有识之士共同探讨抢救历史精品，打造百年名品，服务家乡百姓，让这串文化遗产的明珠在新的时代大放光彩！

(《今日周庄》2016-1-1)

柳蕴强：《柳宝诒和他的温病学说》

江阴的中医历史悠久，向来名家辈出，名震大江南北，素有"中医之乡"的美誉。据《江阴市志》记载：唐代即设医学博士，元时设医学教授。宋末元初的陆文圭就是江阴一位名闻全国的医学大家，被江阴民众誉为江阴中医先驱，他留下的《墙东类稿》使我们了解了当的时的医疗状况和水准。到了清朝，江阴的名中医出现了一个井喷期，写入史册的就有43人，如誉满天下的"龙砂八家"、经方大师曹颖甫，而柳宝诒以其温病学说名震江浙一带。

由中国人民卫生出版社编辑的《中国历代名医百家传》，收入中华5000年以来的100名著名医药专家的事迹与学说，江阴名医柳宝诒就名列其中，成为江阴医药卫生界的骄傲。

柳宝诒(1841—1901年)，字冠群，又字谷孙，号惜馀主人，江阴周庄人，晚清著名中医学家。

柳宝诒自幼聪颖，博览群书，包括历代医著。同治四年(1865年)，柳氏考中秀才第一名(泮元)，后以优贡入京，试用正红旗官学教习，兼以悬壶京师。后因见清廷腐败，遂无意仕途，归里潜心医道。《江阴县志》称"其为人和厚好学，能文工书，尤长于医，苏常一带，妇孺皆知。"

柳宝诒晚年致力于著书立说，他医道精深，文笔秀美，立论皆以临证心得为据，不尚空谈，不抄袭前人旧说，往往有独到之见解，故具有较高的学术价值。柳宝诒著有《惜馀小舍医学丛书》计12种，其中《温热逢源》《柳选四家医案》《惜馀医话》《柳致和堂丸散膏丹释义》四种刊印，广泛在医界传播，影响深远。另有《素问说意》《疟痢逢源》《评选琴川医案》《梓贤医案》《鸿雪医案》《清芬医案》等未能梓行，多为散佚。

柳宝诒年轻时学医，受叶天士、吴鞠通、王孟英等名家的学术思想影响，以治疗温热病为长，能出入名家之间，并有所发展，成为温病流派中的知名人物。为了总结历代对温病学的论述、阐发个人的独到见解，柳宝诒收录《内经》《难经》《伤寒论》中有关温热病的原文，博采各家之说，并参照自己的见解，写成了《温热逢源》三卷。该书刊于光绪二十六年(1900年)，书中注释详细，析理透彻，特别是对伏气温病的论述，实补前人所未备，对于研究温病学说具有重要的参考价值，历代中医名家对此多有研读，评价甚高。

柳宝诒温病学说的贡献在于：

一、厘清两种温病的差异，敢于纠正前人之偏见。温病学自《内经》奠基，历经漫长的发展，到明清已渐趋成熟，理论逐步完善，治法不断丰富，但对于温病的病因病机一直存在新感与伏气的争论。因为对病因病机的不同认识，直接导致了治法治则的不同观点和治疗方式。当时由于叶天士、吴鞠通诸家学说的风行，人们往往只知新感而忽略伏气，遇到温病，概用银翘桑菊等辛凉轻浅之方，对此，柳宝诒极力主张改革。他分析指出，温病是有新感与伏气之分的。新感温病，其邪专在肺，咳嗽发热，甚则发为痧疹，其治法以辛凉清散为主；热重者，兼用甘寒清化。而伏温则是伏邪乘人之虚，从经络内袭，寒邪则伏于少阴，由内而发，里热明显，治疗首先应该清泄里热，而且见证繁杂，须视六经形证，随机立法，施用不同的处方。两者相比，伏气致病更为广泛。柳宝诒从《内经》、《难经》及《伤寒论》等医著中旁征博引，来解释其中的道理，并对吴、叶等人的论述逐条进行了辨正，从而首次区分了新感与伏温两者的临床表现和治疗原则，也引导医家高度重视伏气温病的广泛性和复杂性。

二、明确伏温的辨证依据，及时修正前人"废六经"的思想。温病学发展到明清时期，已形成了一定的辨证体系：即三焦辨证与卫气营血辨证，这成了大多数医家遵循的法则。然而，柳宝诒却依据《素问》《热病论》《伤寒论》等论著，提出了必须尊崇六经辨证施治。柳宝诒认为："凡外感病，无论暴感伏气，或由外入内，则由三阳而传入三阴；或由内达外，则由三阴而外出三阳，六经各有见证，即各有界限可凭。治病者指其见证，即可知其病之浅深。问其前见何证，今见何证，即可知病之传变。伤寒如此，温病可独不然？近贤叶氏，始有伤寒分六经，温热究三焦之论。""厥后吴鞠通著温病条辨，随专主三焦，废六经不论，殊不知人身经络，有内外浅深之别，而不欲使上下之截然不通也。吾可舍六经而不讲哉！"柳宝诒明确提出了六经是治疗温病的辨证大法，是必须遵循的准绳，从而纠正了当时叶吴学识上的偏差。

三、总结伏温传变的一般规律，勾画伏温的理论框架。对于伏气温病的发生机理，柳宝诒提出有内在与外界两个方面的因素：内因患者肾气先虚，外因冬季感受寒邪。至于发展病因，则因春季阳气内动，内伏于少阴的寒邪化热而外发，即为"伏邪自发"；或因时邪外感引动在里伏于少阴之邪而发，即为"新感引动伏邪"。"伏温之发，必先由邪伏少阴，郁久化热，外达而现诸证。这是柳宝诒对伏温传变一般规律的认识。在他看来，伏温病势的顺与逆，亦取决于邪机能否由少阴向外透达；而邪机的外达，又取决于少阴肾气的振奋与否。他列举了伏温的不同病情与六经诸证，较为系统地勾画了伏气温病的理论框架，比起前人《温热论》《温病条辨》中的观点，又有了新的突破。

四、发明"助阴托邪"治疗大法，创制伏病治法新特色。柳宝诒广泛汲取前人的医学成果，综合运用，举一反三，甚至"逆向思维"，突发奇招，丰富了自己的治疗方法。"助阴托邪"是由《伤寒论》以麻附细辛汤治少阴感寒的治则变化而来。他说"伤寒伤人之阳，温病烁人之阴，而其为正虚邪陷则一也。仲景既立助阳托邪之法治伤寒，从对面推想，岂不可用助阴托邪之法治温病乎？"助阴托邪法虽不以养阴为主，然每参入鼓动阳气之品，意为邪伏少阴不达三阳，肾阳亦多不足，若一味地凉润，恐邪机冰伏，故常用附子汁制生地、桂枝汁制白芍、麻黄汁制豆豉，并配用玄参、黄芩、鲜石斛、西洋参等，均可收到理想的效果。助阴托邪法在温病治法中是一大特色。

五、巧用"攻下""凉血"诸法，伏温治则又获新发展。柳宝诒在《温热逢源》一书中指出："胃为五脏六腑之海，位居中土，最善容纳，邪热入胃，则不复他传，故温热病热结胃腑，得攻下而解者，十居六七。"柳宝诒分析认为，温热病中多数会发展到阳明腑实证，所以使用攻下的机会甚多；另一方面，由于攻下法对于驱逐病邪具有明显作用，所以多需采用攻下之法才能奏效。文中还提出，攻下方药如大黄，本非专为积滞而设，而有泄热解毒了疏瘀化痰、疏泄积气诸多作用，所以攻下的作用并不限于肠道内的积滞燥屎，这一认识在吴又可《温疫论》的基础上又有进一步发展。温病中邪热犯于营血而致热盛动血，每出现咳血、吐血、鼻衄、尿血、便血等症状，柳氏提出了以"凉血泄邪"为原则，同时掌握"血虚者兼以滋、养、邪实者兼以清泄"的治疗方法。柳氏还提出在凉血止血的同时应力避留瘀。叶天士曾在《温热论》中提到"凉血散血"之法，而柳氏所用"凉血泄邪"之法，在叶的基础上又有新的发挥。

柳宝诒治病注意病人的体质，因人制宜，方随法出。

柳宝诒的学术思想极为深广。南京中医药大学温病研究所所长杨进教授的评价是：柳宝诒在温病学说上有重大的贡献，特别是对伏气温病的理论和证治有独到的见解。柳氏提出的多种治法，对温病的临床诊治有重要的指导意义，在温病学中占有重要地位。南京中医药大学基础医学院院长黄煌教授评价：柳宝诒的温病学说充实了中医学的温病学说，其研究的思路本身也是一种创新。柳宝诒是近代对中医学有贡献的医学家，他的学术是近代中医学的重要组成部分。柳宝诒的《柳选四家医案》一书，评选精要实用，思路启迪后人，享誉医林，是不可多得的医案佳作。而他的《温热逢源》一书提出了自己独特的学术思想和学术体系，对温病学的发展影响很大。中医界对其研究绵绵不断。

柳宝诒是继叶、薛、吴、王之后的一个大家，其论治温病，别具心得，养阴与散热是他们温病的精髓所在。

当时，致和堂药店盛极一时，中医界有"南有庆余堂，北有同仁堂，中有致和堂"之谓。

如今，致和堂已在上海、北京、南京、杭州、苏州、无锡等不少大中城市开设分店。1988年，深圳沙头角挂牌亮相。柳致和堂医室也已开设至加拿大等国。

四、医著：淹通群籍　致用创新

柳先生聪颖早慧，博览群书，淹通群籍，又能联系临床实际，记录读书心得。尊经守典，每又创新，切实致用。每有所著，既充实中医药学说，又都是课徒的重要资料。

民国《江阴县续志·卷十六·人物·艺术》："柳宝诒，字冠群，岁贡生。为人和厚，好学能文，工书，尤长于医。著有医学丛书十二种。第五至第八种已梓行。"

民国《江阴县续志·卷二十艺文》："《柳选四家医案》八卷，柳宝诒字穀孙选评。柳氏有惜馀小舍医学丛书十二种。宣统二年（1910年）时中书局先印此四种。"

《惜馀小舍医学丛书》十二种

在《柳选四家医案》光绪甲辰（1904年）惜馀小舍版刻本中印有总目。为：

1. 《素问说意》（不分卷）
2. 《温热逢源》（三卷）
3. 《疟痢逢源》（二卷）
4. 《惜馀医话》（四卷）
5. 《评选尤在泾静香楼医案》（二卷）
6. 《评选曹仁伯继志堂医案》（二卷）
7. 《评选王旭高环溪草堂医案》（三卷）
8. 《评选张仲华爱庐医案》（二十四条）
9. 《评选琴川医案》（三种）
10. 《评选梓贤十六家医案》
11. 《清芬医案》
12. 《鸿雪医案》

其中第5种至第8种合为一集名为《柳选四家医案》已梓行。《温热逢源》在1924年印行。这12种书目具体情况如下：

第一种：《素问说意》（不分卷）

　　《黄帝内经》是我国秦汉以前的作品。它系统总结和反映了我国医学成就，是现存医书中最早的典籍之一，包括《素问》和《灵枢》两部分。它的内容奠定了中医的基本理论，在识病、诊断及治疗原则等方面，初步构建了后世中医发展的框架，为学医者入室登堂的必读之书。"不读《内经》，则不可与言（中）医"。但是，三坟大道，其文简、其意博、其理奥、其趣深，加之年月久远，错简脱衍，传抄讹误，学者每觉其义意艰深，虽为至道之宗，奉生之始，欲掌其要旨，极为不易，后学者对此常常生畏却步。总之，此书为学医之始，重要非凡，故历代解译《内经》或《素问》者众多。

　　柳先生的《素问说意》，是其研读《素问》心得的记录。先生根据《素问》原文次序，逐篇逐段阐其蕴义，或论篇章之提纲，或释句段之要义，文义艰深之处，敷畅玄言，术语冷僻之处，详其指趣。间有对前贤见解之评述，亦会结合诊治心得，补充证状变化、诊治法则。有对原文论述的发挥和充实，有对关键段落的提示或笺释。所据这些，可以了解先生医学观点的来源，也是一本帮助后学者学习《黄帝内经》的重要参考书。此书也是先生授徒时使用最早和使用时间最长的课徒教材。几十年中，多有补充和完善。

　　文本正式定稿在光绪庚子（1900年）之前。先生工书一册自留，学生各自传抄。本书为先生生前定稿而未出版者。先生逝世后，写定本流散民间。

　　此书存世，据全国中医图书联合目录载：北京图书馆有一部二卷本，山西中医学院图书馆有一部。又见无锡民间有一部。编纂者藏有残本十多页。

第二种:《温热逢源》(三卷)

《温热逢源》定稿在清光绪二十六年(1900年)前。书稿以六经辨证,探讨伏气温病,取法张仲景,博引诸说,揭示了伏气温病的辨证与传变特点,结合临诊实践,创"助阴托邪"治则,丰富并完善了温病学说,贡献巨大。

上卷五条,详注《内经》《难经》及《伤寒论》中伏气温病各条,附注《伤寒论》中暴感暑热,兼感暑温各条,在参引各家学说的同时,阐发己见,加以批注。

中卷四条,辨正《温热暑疫全书》《伏邪法》《伤寒绪论》《温疫论》诸著中有关温热病的一些条文,肯定了各家之所长的同时,指出其论不够严谨之处,摆出了自己的见解。

下卷16论,重点论述伏气温病的发病原因,病变过程和治疗原则等等。六经形证论治,助阴托邪治法,均在诸论之中。柳先生的学术观点,奠定了其在中医温病学说中的地位。书稿写定,先生遽逝,生前未能就版。

稿本的出版情况,大致如下:

浙江绍兴有位叫裘庆元(字吉生)的中医师,开办了三三医院,创办有三三医报(取名三三者,是取义"三折肱,知为良医")。一生热心于搜集古今医籍,有编辑世存而未及公开的中医论著的志向和决心。认为诸医著述,如果秘而不宣,无济于世且易淹埋失传。民国四年(1915年)与无锡名中医周小农订交,互通书信,交流藏书。两人均以流通医药学书为职志,成为挚友,合力搜求。

其时,江阴有一个叫郁济煌的中医,正欲以收藏的中医手抄本,谋求出版。1922年2月,郁写信给周小农,告以藏有吴士瑛《痢疾明辨》手稿,郁自撰之《续医案存参》手稿和《柳宝诒先生医案》手抄本以及《温热逢源》手抄本，问讯出版途径。几经联系，诸稿经誉抄后寄用。其时，裘吉之已在数年前用自印书籍向无锡承梦琴交换得《温热逢源》手抄本，相校目录与内容相同。裘请周再精校一次，编入1924年出版的三三医学丛书第一集，列第一篇（共出三集，每集33篇，共99篇）。有笑言者谓"此《温热逢源》，乃99篇之第一也"。

周小农次子周道振，与本年谱编纂者之一为几十年文友，忘年之交。在上海或无锡，常有书信或晤面。故出版经过能得其详。有次会面。周道振把郁济焜致周小农的信函和郁抄诸本的样张一本相赠。现附信函如下：

筱农先生大鉴：

前日"绍兴医药学"报社来函，催刊各书，因门类量多，均是草书，尚未誉写正楷，故未寄去也。敝地现在麻疹甚行，诊务冗烦，诸事不能如愿，姑先抄录样张数页，送呈台览，以酬雅意。拟请先生代柳案作一序文，将来印出，庶可风行海内也。专此即请

春安

弟济焜　顿首
杏月初九日

鄙人所藏各案，缓日拟均抄录样本，陆续寄上，请代作序文，不却为幸。

以上为《温热逢源》首刊情况。

据周道振昆仲撰誊之《周小农年谱》记载："民国二十五年丙子（1936年）三月，将手抄江阴柳宝诒撰《温热逢源》一册，寄上海大东书局刊入绍兴曹炳章主编《中国医学大成》中。"刊印时正文前加了提要一篇，印成上、下二册。嗣后多次再版，仅

就已知者记录于下：

1940年，三三医书再版一次。

1949年后，人民卫生出版社于1959年出版印本。

1963年，人民卫生出版社版再印。

1970年，商务印书馆再版。

1990年，据曹版又由上海科技出版社再版一次。

1990年，编入《中国医学大成》。

上述每版又多次印刷，故存书数量巨大。这是出版情况。

存世手抄本数量，就编纂者已见者：江阴民间至少见有三套。宜兴见一抄本。编纂者手中藏有一整一残两套。

《周小农年谱》："民国十三年（1924年）二月，撰柳宝诒撰《温热逢源》自序识语"。根据此条，明确提示周小农所藏的《温热逢源》的手抄本上，柳宝诒撰有一篇自序。不知是来自承抄本还是郁抄本。其他抄本均未见柳先生自序。企盼有朝一日，此序回归《温热逢源》书中。

《周小农年谱》："公元1959年，（周道振）以府君（周小农）遗书及战后尚存之各地医药报刊捐赠无锡中医学院（初名第四人民医院）图书馆计479种1859册。"2000年左右，某日，编纂者之一在孔夫子旧书拍卖栏中突然见到一本《温热逢源》手抄本（已被别人拍卖成功）。仔细观察，牛皮纸装订封面上赫然钤有"无锡周氏小农所遗藏书男逢儒与弟道振同捐献"长方双行印章，始知此抄本亦在捐献之列。而今已流入民间矣，呜呼！所幸者此抄本尚在人间。祝愿拍得者能珍惜保存。拍品介绍中附了几张照片，在正文第一页那张照片上，有"柳按"题目及93字（照片仅显示抄本一面，文未完），可确认为柳先生"自序"。不知何故，以后所有印本，都未有此序。

在近代的不少医家的有关温病学说的著作中,常常引用《温热逢源》的原文。例如任启松的《温病学心法》,就全文引用《温热逢源》下卷16条全文。

第三种:《疟痢逢源》(二卷)

此书专门阐述疟痢病证的论治经验,与《温热逢源》为姊妹篇。有定稿本,前页有先生挚友、姑苏名医曹元恒(字沧洲)作序。稿本藏家数十年,抗战时期由当时工作在上海的小房孙子柳作醴寄存上海外滩中国银行,遂失于战乱。至今未有任何信息。

第四种:《惜馀医话》(四卷)

有关《惜馀医话》资料,已知者,江阴叶秉仁中医师藏有手抄本四卷,另江一平、张耀宗在《吴中珍本医籍四种·柳宝诒医论医案》中,收录医论14篇。两者内容异同不明。所知仅此。但据我们所知,这仅是其中一小部分而已,先生遗有大量医论存稿,装在书箱中未及整理,十年动乱,大小36书箱(箱内有他人医籍及先生自撰各类文存。)"文革"破四旧时抄去,其中有毁于"破四旧"之秦火者,有抄没时被好事者偷抢收藏者。

第五种:《柳选四家医案·评选静香楼医案》(清·尤怡)

评选分上下两卷,32门,载案207则。尤案原系抄本,附刻于《医学读书记》后仅三十多条,柳先生据后人抄藏本中选精粹者予以充实。因别无刻本,故本书所选医案对于学习和研究尤氏的学术思想、临证经验是十分宝贵的。所选每案,详叙脉证理法、方药,分析病因病机,根据病状之标本缓急施治,立法严谨,方药稳妥,体现了尤氏善用经方且能灵活化裁、不蹈袭成方的特点。可惜部分医案过于简要,柳先生对此往往附加按语,阐明旨意。先生盛赞尤在泾"辉映后先,于医道中可谓能树一帜者"。

柳宝诒：《评选静香楼医案》识语

此案为尤在泾先生所著。先生名怡，字在泾，自号饲鹤山人，江苏长洲县人。邃于医学，于仲景书尤能钻研故训，独标心得。时吴下以医名者，如叶氏桂、徐氏大椿、王氏子接，均煊耀一时，先生与之联镳接轸，辉映后先，于医道中可谓能树一帜者，所著有《伤寒贯珠集》《金匮心典》《医学读书记》。均刊行。惟此案未经授梓，其附刻于读书记后者，仅有三十余条，非全本也。此本为吾邑吴氏所抄藏。咸丰兵燹后，诒于詹文桥张氏斋头见之，假归抄录，复就其中选精粹者，得十之五，评录如左，分上下两卷。窃念近时医学荒废，其简陋剽袭，毫无心得者，无论已。间有钻研古籍，不知通变者，动辄以仲景为家法，而咎今人不能用古方，目为庸陋。其实古方今病，往往枘凿不相入，执而用之，偾事者多矣。及读先生此案，而不觉憬然有悟也。先生博极群籍，尤服膺仲景之书，所著《伤寒论》《金匮》两注，上溯仲景心传，独抒己见。读其书者，无不知先生之于仲景，不啻升其堂而入其室已。乃观此案，论病则切理餍心，源流俱彻，绝不泛引古书，用药则随证化裁，活泼泼地，从不蹈袭成方。可见食古期乎能化，裁制贵乎因时。彼徒执古书者，不且与王安石之周官、房琯之车战，其弊适相当哉。是故读他人之案，有不用古方者，或犹疑其服古未深，未能得力于仲景也。若先生则读书不可谓不多，用功不可谓不切，其沉酣于仲景之书，尤不可谓其不深，乃其论病之平易近情也如是，立方之妥帖易施也如是。是则此案不第为治病之良规，并可为读古之心法已。用书之以审后之读此案者。

光绪二十六年庚子二月下旬江阴后学柳宝诒识

第六种：《柳选四家医案·评选继志堂医案》（清·曹存心）

评选分上下两卷，23门，载案153例。是柳先生从曹之学生所录存的医案中，"删其繁乱，撷其精粹"而成。所选每案脉证理法方药汇录较全。其中复诊医案较多，曹氏每次更方，必详其所以，有助学者读者了解诊治过程。曹氏论治重视天人关系，善于从调理脏腑入手，辨证精细，立方平稳。

柳宝诒：《评选继志堂医案两卷》识语

继志堂医案两卷，曹仁伯先生所著也。先生讳存心，字仁伯，别号乐山，系常熟之福山人。幼时读书颖悟，长老咸目为令器。顾以家道不丰，一衿不足裕衣食，遂谋习医。从薛性天先生游。薛故郡中名宿，得先生剧赏之，谓将来光吾道者必曹生也。先生居薛所十年，帏灯悴掌，上自《灵》《素》，下逮薛、喻诸家，无不研求贯串，乃出应病者之求，辄奏奇效。先生尝言：医者存心，须视天下无不可治之病，其不治者，皆我之心未尽耳。故其临病人也，研精覃[1]思，直以一心贯乎病者之食息起居，而曲折无不周至。每有剧病，他人所弃而不治者，先生独能运以精思，而以数剂愈之。古人谓生死肉骨，先生诚有之焉。先生又言：每遇病机丛杂，治此碍彼，他人莫能措手者，必细意研求，或于一方中变化而损益之，或合数方为一方而融贯之，思之思之，鬼神通之，苦心所到，必有一恰合之方，投之而辄效者。以是知医者之于病，稍涉危疑，即目为不治而去之者，其不尽心之过为不少也。嗟乎！先生之言如此，即先生居心之笃厚，与艺事之精能，盖皆即是而可见矣。先生所著，有《琉球百问》《继志堂语录》《过庭录》《延陵弟子纪略》诸书。经先生之孙博泉玉年裒集锓行，杨太常滨石序之。先生之行谊，备详于许君廷诰所撰家传中。先生以医名著，继叶、薛诸公而起，德被吴中，名驰海外，至今人能道之。特其所著医案，于《过庭录》《延陵弟子纪略》外，未有传本。今年夏，偶于友人处，得见其门弟子所录存者。惜中多阙误，因假归抄录，为之次第整理，删其繁乱，撷其精粹，间或赘以评语，以发明其用意之所在，抄成上下两卷，俾后人读之，犹可想见其诊病时危坐构思，旁若无人之概云。

光绪二十六年庚子八月江阴柳宝诒识

注：[1] 罩：深也。

第七种：《柳选四家医案·评选环溪草堂医案》（清·王泰林）

评选分上、中、下三卷，35门，载案255例。是柳先生从王之学生的多种抄本、顾莲卿本及方耕霞刊本中，选辑而成，皆为未刊行之医案。每案于分析病因，病机中叙述脉、症，辨证立法，论治说理明晰，擅于化裁古方，是其特点。因多属《王旭高医案》未载者，是研究王氏学术思想的重要参考资料。

柳宝诒：《评选环溪草堂医案三卷》识语

环溪草堂医案三卷，梁溪王旭高[1]先生所著也。先生名泰林，字旭高，世为无锡人。嘉道间有以疡医驰名江浙者，曰高锦亭先生，著有《外科心得集》《景岳方歌括》等书行世，即旭高先生之舅氏也。高先生殁后，先生传其业。其始先以疡医行，逮后求治者日益多，寖及内科，无不应手奏效，于是遂专以内科行。门下士习业者，每年以十数计。先生读书，上自轩岐，下迄国朝诸家，无不精心贯串。于古书则研求故训，于后人书则必分别疑似。所著有《西溪书屋夜话录》《医方歌括串解》及《环溪草堂医案》诸书，均未梓行。其医案为门弟子随时抄录，未经分别去取，不免繁复者多。余所得见者，盖有五六本，详略互异。因属及门诸子删其繁乱，重为抄辑。最后得王家桥顾君莲卿本，系先生晚年之作。又得方君耕霞新刊本，案甚繁富，颇有方案足取而为他本所未载者，一并补录，简其精粹，分为三卷。间有未尽之意，随加按语以阐明之，阅一年而竣事。先生居锡城，去余家不百里，余弱冠时犹及见之。吾乡有疑难证，无不求治于先生者，先生必沉思渺虑，疏方与之，厥后或效或否，或有无力再往者，先生必访悉之，令其再诊，以竟厥功。故其所存方案，无不光坚响切，无模糊影响之谈。盖较近贤之专以灵变取巧者，不啻上下床之别矣。先生博极群书，所用诸法，如治小儿喘嗽之药枣，从葛可久之白凤丹化出；治上热下寒之八味丸，用紫雪为衣，从喻西昌外廓之论悟出。若此之类，不胜枚举，是皆因古法而变化出之。彼胸无古书者，每读之而猝难领会。余于此等处，均为一一指出，学者苟能即是而得读书用古之法焉，则庶乎不负先生之苦心也夫。

光绪二十六年重阳日江阴柳宝诒谨识

注：[1] 高：一作皋。

第八种：《柳选四家医案·评选爱庐医案》（清·张大曦）

《爱庐医案》原为二卷，因毁于兵燹，罕为流传。柳先生偶得抄本，精选24案，编为一卷。按原案分18门。案虽不多，但论病选药思路深细，用法精到，常可独开生面，给人启迪。

柳宝诒：《评选爱庐医案二十四条》识语

下爱庐医案若干条，胥江张大曦仲华所著也。仲华道光时人，以医术驰名江浙间。原刻上下两卷，共一百余案，咸丰时刻于苏州，未几，毁于兵燹，遂少传本。甲午夏，诒于友人案头得见抄本，假归读之，见其论病选药，思路深细，用法精到，颇能独开生面，发前人所未发。惟刻意争奇，不肯稍涉平境，因之议论有过于艰深者，立方有流于纤巧者。窃念方药之道，动关性命，非如词章曲艺，可以随人好恶，各自成家。是必博稽精采，慎所从违，庶几可法可师，不致贻误来学，因就所抄本精选而加评焉，共得二十四条，令门人录而存之。后之学者，苟由此而触类旁通，随机应变，不至如赵括之读书也斯可矣。

光绪己亥七月柳宝诒识

以上第五种至第八种，从先生的识语可知，定稿于光绪二十五年（1899年）和二十六年（1900年）。

第九种：《评选琴川医案》（三种）

据书稿题名，顾名思义，是评选常熟三位中医家医案之作。因散佚之故，三位姓名、医案名及柳先生评语，均杳然不知。

第十种：《评选梓贤医案十六家》

梓：乡梓、桑梓也，故乡的意思。故乡大可指苏、锡、常，中可指江阴地区，小可指周庄周围。此十六家医案中，有否龙砂八家医案？

第十一种：《清芬医案》

清芬一般是指祖先。周庄《柳氏宗谱》载柳氏竹江支二十五世鸿选迁江阴华士。二十七世柳同春由华士迁周庄，到三十二世柳宝诒，共历八世。在柳先生以上的这七代柳氏中，因田产不丰，为生存、发展主要靠业贾、塾师、悬壶三类。至于哪几位祖曾业医并留医案，记载缺如，仅是猜度。

第十二种：《鸿雪医案》

鸿雪即雪泥鸿爪。典出苏轼诗句："人生到处知何似，应是飞鸿踏雪泥。"比喻人生过往遗下的痕迹。字面含义是否是指自己的足迹，即指自己的医案。

综合上述《惜馀小舍医著12种总目》，已刊者为《温热逢源》和《柳选四家医案》5种。定稿而未刊者有《素问说意》和《惜馀医话》2种（医话已刊14条，不是书稿全文）。散佚湮没的有《疟痢逢源》和最后四种医案共5种。

先生逝世后，门人中常熟金清桂、周庄王吉臣、华士柳颂余三人出资，由及门诸生参校，把上述第五、第六、第七、第八四种合编一集，定名《柳选四家医案》，甲辰（1904年）惜馀小舍版木刻六册出版，同时，上海文瑞楼木刻六册本也出版，这是现存最早的刊本。《柳选四家医案》一经出版，即风行海内。嗣后，有清光绪刻本。清宣统时有中书局石印本。1941年上海千顷堂铅印本、民国上海文瑞楼石印本、上海春江书局铅印本等等，版别众多，印量巨大。

1949年后的版本有：

1957年上海卫生出版社繁体竖排本、上海科技出版社本。

1997，中国中医药出版社盛燕江校注简体横排本，2001年重印，2008年再版。2020年，中国医药科技出版社成莉校注简体横排本……

柳先生在京城时，寓所与翁同龢相国府相近，两人昕夕过从，相互探讨医理。翁氏受谴回常熟原籍后，又与柳先生门生常熟名中医金清桂过从密切。原因是翁氏（嗣）儿媳之胞妹赵彩珍乃金村金庄甫（翰林院待诏）之妻。金是翁氏三个孙子的亲姨夫。翁氏常至金村小住，而庄甫与清桂是本家。同时翁氏请金清桂为家人治病，也常往来。柳先生又与常熟半亩园、归山楼主赵次侯为旧友，常有过往，亦相邀与翁氏家人诊治过疾病。柳先生逝世后，门生金清桂等集资刊印《柳选四家医案》时，金清桂请翁为书稿作序跋。翁作序、跋各一篇。但印刊的木刻本上，仅有跋一篇且不放于书后而印在序的位置。以跋为序，世所罕见，读者亦疑惑不解，众说纷纭。

翁氏修改、写定序跋，付航船送往金村，一月后，翁同龢逝世。金清桂看到序文中有"人多抹杀"四字，怕无辜遭攻击，惧清庭文字狱。考虑到翁氏因支持康、梁戊戌变法而获罪，六君子又因变法而遭慈禧抹杀，故未用序文而以跋代序。故意错置跋文，是为往后公开序文伏笔。

近年，翁氏后人将翁氏藏书公开，《四家医案》序、跋亦在其中，人们才得见序文，而且得见跋文有初稿、定稿两篇，一序两跋，同现天日之下。翁氏日记载："光绪三十年（1904年）四月十六（5月30日），撰柳冠群医书序。""十八日（6月1日）竟日改削柳宝诒所著医书叙，手涩又不习医说，故格格不吐"。"十九日（6月2日）写柳书序并函，交金村航船去。"短短一序一跋。对于下笔千言，倚马可待的状元，竟写改了四天。细校两跋，可见翁氏反复推敲，小心修改用词，尽力删去可能会被误解或被政敌利用的语句，但对柳先生"终老艺事，不克一用于世"的感慨及借"古方不可治今病，即今病亦未可概以今方治也"句，暗喻晚清之无药可医的感叹，用心十分良苦。

翁同龢序、跋全文：

《柳选四家医案》序

智足以知世变者，类能探天地，洞阴阳，参酌古今之宜，而不为物所囿。治世宜然，治身亦然。江阴柳毂孙先生，博雅君子人也，喜藏书，通辞章、训诂，而尤粹于医，名满江介矣。犹锐意著书不辍。读其书，奥衍明辨，发人所未发。书凡数十卷，其已刊者曰《温病（热）逢源》专明伏气与暴感之同异。谓暴感之温，三焦病也。叶香岩、吴鞠通之说备矣。伏气之温，六经病也，而人多抹杀。于法为疏，于文为阙，故推本而极论之。又辑近人医案，且疏且订，未尝墨守一说，信乎通人之书矣。余不解方书，顾尝与先生上下其议论，又数过散墩（编纂者注：周庄镇北缫墩，又写作伞墩，梅花有名），指君庐在万树梅花之侧，而又惜其终老艺事，不克一用于世也，故感慨而书之。

光绪三十年（1904年）四月常熟翁同龢

翁氏《柳选四家医案》初跋（未刊）

或问："医案何自昉（开始）乎？"曰："古有诊籍，扁鹊仓公传所记是也。"曰："验乎？"曰："古今异宜，其齐量品物不可得而悉数也"。"然则，柳先生何以辑医案也？"曰："时近而辞达。时近则阴阳沴（lì，灾害不祥之气）气不相殊，辞显则文字浅近而易晓。且又商榷订正，称量而出。不特古方不可治今病，即今病亦未可概以今方治也。"所辑八家，今先刊尤、曹、王、张四家。其弟子王君吉臣、柳君颂余、金君兰升匄资成之。诸君守师法，笃风义，皆能得先生之传者。余不知医，而金君速余文，乃漫书之，以质世之善读书者。

时光绪甲辰四月　翁同龢

后跋（已刊）

或问："医案古有之乎？"曰："古有诊籍，扁鹊仓公传所记是也"。曰："验乎？"曰："古今不同，其品齐轻重不可得而悉数也"。"然则，柳先生奚为辑是书也？"曰："时近而文显。时近则阴阳之沴同，文显则质直而易晓。抑且商榷微眇，称量而出，不啻自为之也。"

先生所辑者八家，今先刊者四种。其门人王君吉臣、柳君颂余、金君兰升匄资成之。三君守师法，笃风义，良足称述。金君属叙于余，余不知医，勉赘数语，以质世之善读书者。

时光绪甲辰四月　翁同龢

此外，除上述医著十二总目外，柳先生生前就刊印有《柳致和堂丸散膏丹（列目）释义》。

第十三种：《柳致和堂丸散膏丹释义》

1. 光绪戊戌（1898年），在柳致和堂药店创设将近十年之际，柳先生将致和堂所备丸散膏丹分门列目，对各方药材的炮制、配伍、主治、功效、服法，进行评释，编为《柳致和堂丸散膏丹释义》一册。于清光绪二十五年（1899年）孟春木刻刊行。扉页由晚清大文学家俞樾亲笔题签。

全书共计七门，分补益门、内因门、外感门、妇女门、小儿门、诸窍门、外疡折伤门，共载主方158首及附方18首合计176首。用料道地量足，制作依法，故疗效稳定，相当于今时之非处方药。此中成药购用方便、门类又齐全，可覆盖各类常见病症，极大方便了群众。

该书版本有清光绪二十五年己亥（1899年）致和堂木刻本、清光绪二十五年己亥（1899年）与善医局木刻本两种。刻本藏于上海中医药大学图书馆。

2. 编纂者手中藏有与善医局木刻本。二十多年前江阴中医院成立医史博物馆，借展时被复印了若干本。上述两版，均有释义而不附药方药量。

3. 2019年无锡中医院龙砂医学流派研究院所出龙砂医学丛书中，有陈居伟通过孔夫子旧书网购获两个手抄版本。一为《丸散膏丹释义汇编》1934年抄本。一为手抄残卷后附金氏丸散药方抄本（残）。根据两手抄本，陈氏拼为一书，以《柳致和堂丸散膏丹释义》书名，由中国医药科技出版社出版。这是《柳致和堂丸散膏丹释义》的第三个版本，书中释义附方药。所憾者，两抄本均有缺方或缺药量，合计多达20余处。

4. 2022年，编纂者孙女鲍昭根据家藏释义本及家藏丸散簿，合编成书，而为全璧。这是第四个版本（待梓）。

5. 江阴、无锡民间，会有手抄本存留，但数量不多。

柳先生著述中，数量最大的是医案。先生一生中习惯每案入记"门诊录存"，在余下的百十册"录存"中，记载着数量巨大的治案和验案。这些"录存",平日供门生们阅读抄录和研究。如门人方少纯抄录的题名为《临证治验案》,门人徐迪侯抄录的为《仁术志》,等等。对自己的医案,先生正逐一在定门定目之际,遽然逝世。随后,这数量巨大的未及最后定稿的资料,逐日散失。以后,又有人各自根据占有不同的资料,编选出了或同或异,同中有异的不少医案手抄本,定名也或同或异。

耳目所及,仅举数例于下:

1. 临证治验案。

2. 仁术志。

3. 常熟民间有《柳冠群医案》手抄本。目录分11门:伏温、伏邪、温热、风温、伏暑、暑湿、伏邪(与上名称同但案例不同,内容大同而尤有补充者)、湿温、疟、痢、便血。2万多字,看内容大多为温病病案。方药后大多附分量。编纂者收藏有复印件。

4. 编纂者曾购藏《柳宝诒医案》手抄本一册,共121面,未分门。与张耀卿《柳案》对校,有十案为张本所未集。药物后均有份量。

5. 缪柳村《缪氏医案》后附《柳宝诒方案》手抄本。藏南京图书馆。仅有内风、神志、痰火、咳喘、咳嗽五门八则医案,且多为通信中的悬拟方,内有一膏方,一丸方。

6. 江阴郁济煐有《柳宝诒先生医案》手抄本。据目录分十门,与常熟抄本门类名称和排列次序同,诸案大多已收入张耀卿选案之中。药后皆有分量。

7. 江阴民间见有《柳冠群先生医案》手抄本,题民国三十一年江阴后学徐济成苇航敬录。

全本分上中下附四卷54门。上卷16门为:内伤、类中、内风、神志、痰火、咳、喘、痰饮、失血、咳血、衄血、虚损、消渴、呕哕、肝气、肝火。中卷12门为:伏气、外感、暑、湿、痧、痰、疟、痹、脘腹痛、疝、瘕癖、肿胀。下卷18门为：肢体诸痛、诸窍、遗泄、小便、淋痛、泄泻、痢疾、便血、便闭、痔虫、内痈、疡症、痰饮、痰气、妇女杂病、胎前、产后、经带。附卷（补遗）8门为：伏温、伏邪、温热、风温、暑湿、湿温、疟疾、痢疾。卷首有翁同龢序文。药后未记分量。此抄本内容与张耀卿本最为接近。

在江南民间，在门人或再传弟子手中，估计尚有多种抄本留存。

第十四种：《柳宝诒医案》

《柳宝诒医案》在1949年后，出版情况如下：

1. 1958年南京中医学院以学生学习用书，刻印了《蓉城柳冠群宝诒医案》，讲义纸66面。据曹永康先生讲，限于当时条件，原设想柳案专录伤寒、杂证，《惜馀医案》专录温热、疫病方案，后来却未能实施，总觉遗憾。

当时大学尚无电脑及打字机，讲义全靠钢板手刻，印纸又糙又黄，不便阅读。但毕竟是高校教材资料，此本影响还是很大的。

2. 1965年人民卫生出版社出版了上海中医院院长、名医张耀卿整理的《柳宝诒医案》。张氏据柳先生弟子方少纯抄本《临证治验案》、徐迪侯抄录之《仁术志》以及《惜馀医案》部分抄本，削其重复，去其疑如，分门抄写而成。

全书六卷。卷一：风温、伏温、湿温、伏暑、暑邪。卷二：疟疾、痢疾、黄疸、霍乱、呕哕。卷三：咳嗽、咳喘、咳血、痰饮、痰火、虚损、盗汗、内伤发热、痰核。卷四：类中、肝风、肝火、神志、遗精、淋浊、泄泻、便血（附便闭）。卷五：肿胀、瘕癖、痿痹、脘腹痛、肢体痛、疝气、内痈、诸窍。卷六：妇人、小儿。合计37门，600多案。此是影响最大的柳氏医案。为学习、研究及评述者广泛采用。

3. 1994年中国中医药出版社出版由江一平、张耀宗辑校的《柳宝诒医论医案》，其中有医论14篇，余为医案，与张本柳案对勘，集其未收者177例。分18门：痢疾、便血、肝气、肝火、呕、嗳哕、噎膈、鼓胀、肿、瘕、癖、瘀血、崩漏、调经、少腹痛、胎前、产后、杂证。收入《吴中珍本医籍》一书中。

4. 2015年中国中医药出版社出版由李成文、张治成主编的《中医古籍医案辑成》，书中"伤寒学派医案（二）"中，辑入柳宝诒《柳选四家医案·尤怡静香楼医案》。计有内科医案42门，妇科5门，外科3门，五官科5门，其他医案6门。在"温病学派医案（六）"中，辑入《柳宝诒医案》，分120门。附一《柳选继志堂医案》。附二《柳选环溪草堂医案》。附三《柳选爱庐医案》。

第十五种：《惜馀医案》

柳先生医案中，还有一大类是以"惜馀"或"惜馀小舍"冠名的医案。所知计有：

1. 常熟民间见有《惜馀医案》手抄本，题暨阳冠群柳宝诒著，惜馀小舍藏本。六卷本计400面。

卷一：伏温、风温、湿温、暑湿、伏暑、霍乱、疟疾。

卷二：痢疾、便血、湿温热痹、格（膈）气、嗳气、癥胀、肿胀、癥瘕、瘀血。

卷三：中风（附痹痛）惊悸、不寐、癫病、遗精、淋浊、盗汗、鼻渊、鼻衄、眼病、内痈、疝气。

卷四：肝风、肝气、肝火。

卷五：咳血、吐血、咳嗽、痰饮、虚损、虚劳。

卷六：产前时邪、调经、停经、淋沥、带下、崩沥、胎前、产后时邪、妇人杂病。

2. 据《中国中医古籍总目》记载，现存孤抄本《惜馀小舍医案》藏于湖南中医药大学图书馆。为门诊抄录医案，记录了疟痢、癥瘕、内风、咳嗽等多种杂病85案，为实录式医案。病情真实，辨证明确，方药及其用法用量、炮制方法，记录详细。

3. 据《中国中医古籍总目》记载，现存孤抄本《惜馀医案》藏于苏州大学图书馆。

4. 2018年，南京东南大学出版社出版了陈正平、龚伟、花海兵主编的《惜馀医案》。国医大师，中医妇科名家夏桂成先生作序。全书分34大门、58子门，合计92门。

全书内容充实，叙述病情切要，分析证候细致，立法处方有出处根据，体现了柳先生丰富的临证经验和诊疗思路，可供学习与参考。

5. 2019年无锡市龙砂医学流派研究院出版了龙砂医学丛书，其中有陈居伟校注的《惜馀医案》。校后记中说明以苏州大学藏本为底本，未经分门别类整理，保持了原始风貌。认为医案每案析理精当，理法方药完备，贯穿了柳先生的学术思想。后人从中可以看到柳先生其临证圆机活法，辨证精当，遣方用药匠心独运，有重要的参考价值。

这里要附带谈一谈医案所列药味后不附药量的问题。在《柳选四家医案》和《柳宝诒医案》中，方药后都不记分量，这是柳先生生前一贯的主张。先生认为，学习医案，遣方用药，重点在学习遣方法则，至于药物，每味药所走何经，相克相贼。其最低用量、常用量和最大用量，一是有常规，二是有本草或药典记载。这在学医时必须掌握，故药量附不附，对于专业人员，不该是什么问题，需要时即可以加上。不加附药量可促使学医者专注于用药原理的运用，要知其然又知其所以然。附上药量，常有懒学者会产生有套用成方之嫌。用心不可谓不良苦。然而智者千虑，必有一失。药物用量，业界向来认为为中药之秘。亦为用药者必须慎重斟酌的问题，譬如用兵，既要研究用坦克兵还是用火箭军，还要研究用多少数量最为合宜。故近时研究者，有人认为附上药量更便于研究。所幸者，就先生之医案(包括《惜馀医案》)来看，编纂者手中所藏先生的遗著中，有几种抄本都附有分量，是原抄面貌，曾试着补记药量使其复原，居然能得十之八九，尚可复原。

在20世纪八九十年代，据柳先生家中旧藏，鲍为群试编《惜馀医存》。后来赴加拿大行医，由鲍昭接着整理编写。《惜馀医存》之一为鲍昭整理的《柳致和堂丸散膏丹释义》，把惜馀小舍初刻木板本与家藏丸散簿合二为一，此书为目前最完整、最新之版式。《惜馀医存》之二为鲍为群整理的《伤寒提要论》。《惜馀医存》之三为鲍昭整理的《温病条辨时方歌括》。

第十六种：《伤寒提要论》

2021年江苏凤凰科学技术出版社出版了鲍为群整理的柳宝诒遗著《伤寒提要论》。柳先生最大的贡献在中医温病伏温学说，但诊治伤寒病的功底，也十分深厚。这在《伤寒提要论》一书及其医案中，都可窥见。

全书分五卷：
卷一：伤寒六经证治
卷二：伤寒证治诗
卷三：伤寒病脉
卷四：伤寒汤散方歌
卷五：伤寒证治总略歌括
附一：伤寒赋（上、下）
附二：伤寒药性病歌总说
附三：《柳选四家医案》翁同龢序及跋
附四：沈太夫人神像像赞

《惜馀医存》曹序

《惜馀医存》，江阴柳宝诒先生之遗著也。先生为清代温病学家，对伏气温病，研究尤为精邃。其学术见解，深为后世推崇。先生著作等身，已刊行者，《温热逢源》《柳宝诒医案》《柳选四家医案》，早已风行海内外。尚有未刊者十余种，藏于其家，子孙世守。惜其后人未能继其业，致遗著湮没不彰，而后迭经战乱，遗著悉遭秦劫，至可惜也。宝诒先生之玄孙婿鲍君汉祖，有心人也，其女鲍为群，毕业于南京中医学院，受外祖家家学熏陶，久存继承祖业之志。有一年，鲍君偕夫人柳蕴毅返里省亲，获叔父柳民九旧藏宝诒先生遗著医籍手抄本如《伤寒提要论》《温病条辨时方歌括》《柳致和堂丸散膏丹释义》以及方药手抄本等若干种。劫后余物，弥足珍贵。鲍柳携归授女，为群如获至宝。经悉心梳理，去其芜杂，整其篇幅，校其讹字，标其句读，合为一集，颜其名曰《惜馀医存》。盖昭柳氏遗著仅存硕果之意。

回忆1936年余学医于江阴周庄，得获交柳君民元。民元乃宝诒先生之曾孙，温文尔雅，谦谦君子也。以此因缘，尝瞻仰先生故居惜馀小舍。槛屋数椽，匾额文几，遗泽犹存，油然而生敬慕之心。事隔数十年，余亦垂垂老矣！回首往事，无限沧桑之感。今民元之婿鲍君以《惜馀医存》见示，并嘱为之序。窃思柳氏之书，湮没将一个世纪，余昔在江阴，曾多方搜集而未得，兹因鲍氏父女之张皇坠绪，而得以传之于世，此殆宝诒先生遗徽之流泽孔长，有以致之。而为群远绍祖业，继承有自，亦柳氏之传人也。韩昌黎谓："莫为之前，虽美而不彰；莫为之后，虽盛而不传"，为群其勉之。是为序。

1995年5月江阴曹永康于镇江医学院行健斋寓所,时年七十有八

《伤寒提要论》柳宝诒自序

有晚辈问予欲授《伤寒》方诀。予曰：方可易得，惟病难知。欲识诸病，必当知其六经表里，正病变病之异，源流立法之本，斯可以授。专心习用，庶不误人之命。兹因诊余，通考诸书，采其捷要，立论以总其纲，编歌以续其变。先正病而次变病，次类症而次瘥后症，其治禁、误治、病外解文，次之其传经、察脉见症，悉备于其间。歌下复用注解，方下注以立意。庶几法度纯一，而脉症可分。学者熟读静养，察病思谱，庶无误矣！

江阴柳宝诒识

鲍为群：《伤寒提要论》后记

我1966年出生于江苏江阴周庄东街柳宝诒旧宅，"惜馀小舍"是我幼年嬉憩之所。我的外祖父柳民元是宝诒公大房曾孙，外祖母方佩玉的母亲，又是宝诒公夫人孙氏的侄孙女。照此算起来，从宝诒公到我这一代已达六世，隔距有一些年头了。但是，有关宝诒公的医德、医术、著述、门生以及生活情况，我还是知道一些的。其中大多是外祖父母和母亲讲给我听的。况且，宝诒公次子昌绪（剑寒）公逝世于1972年，那时我6岁，次媳章氏逝于1979年，那时我已13岁了。幼年的我与长辈们生活在同一旧居内，所听到的有关宝诒公的往事，还是十分真实、十分亲切的。家庭环境的耳濡目染，使我从小就对祖国的中医药事业，充满了兴趣和向往。

江苏名中医曹永康教授与我外祖父相熟相好。他们相晤时曾谈及宝诒公的子孙大多从事其他专业而没人克承家学，十分感慨。知道这事后，我从小就萌志，希望自己将来能习业中医，学做柳公医学传人。1984年我在江苏天一高级中学毕业后，就报考并录取南京中医药大学。五年的学习和实习，我从诸多良师处学到了丰富的中医药知识。毕业后，又承中国国医大师邹燕勤教授介绍举荐，跟随国师大师、妇科名医夏桂成教授学习中医妇科。后在无锡县中医院执业。

求学时，对黄煌教授的中医医案学说，有浓厚的兴趣。见到家中藏有晚清常熟名医王羹梅、诸士良、金慎初医案手抄本，就利用暇余时间，把诸士良内外科医案做了整理。此书被编入常熟市中医院《虞山医派》丛书，将由江苏凤凰科学技术出版社出版。我的二舅公（叔外祖父）早年也曾研习中医，专精于修合柳致和堂秘制丸散膏丹，后改业教育工作。他知道我学习中医后，十分高兴。在一次我父母回家探亲时，把他保存的几本医籍手抄本送给我母亲并嘱转送予我。我如获至宝，在工作之暇，整理出了宝诒公所著《伤寒提要论》。原计划想逐一整理出上述琴川三家医案。同时，把已收集到的宝诒公的一些医学述著，以《惜馀医存》书名，规划出版。但就在此时，我随丈夫移民加拿大。虽然到加拿大后仍执业中医，但因生活、工作环境变动太大，原有的规划被搁置下来了。

所幸者，我哥哥的女儿鲍昭也已从南京中医药大学本科、硕士毕业，现执业于无锡市中医院。我没有进行下去的医籍整理工作，就希望靠她来继续进行。

这次印刷的《伤寒提要论》，希望能对江苏龙砂医学流派资料有所充实并有助于同道。

本书整理在20多年前，这次重新誊清打印。限于才识，差错之处，敬祈教正。

鲍为群
2019年9月于温哥华

《诸士良医案》编入《晚清四家医案》中，作为四家医案之一于2023年5月由江苏凤凰科学技术出版社出版。

鲍昭：《伤寒提要论》附识

《伤寒提要论》乃柳公课徒时诸多材料中之一种。少数内容如《伤寒赋》等整篇选编。主体内容则是柳公据临证诊治体会，结合《伤寒论》及有关医籍，采其捷要，使之简明系统而便于学习，便于记忆而有效于临病。

姑母鲍为群校注完《伤寒提要论》，未及就版，就离乡远赴加拿大（仍执中医业）。余下的宝诒公的几篇遗著，由我接着校注整理。书名仍为《惜余医存》，将编次逐一付印出版。

鲍昭于无锡市中医院
2020年6月

第十七种：《温病条辨时方歌括》（鲍昭整理柳宝诒遗著）

吴鞠通是有清温病学大家，其所著《温病条辨》是一部有助诊疗，流传甚广的温病学代表作。柳先生在研读《温病条辨》后，在《温热逢源》中对吴氏的"三焦证治"提出商榷观点，认为吴氏弃"六经证治"为"三焦证治"其理背谬，其说不通。但并不抹杀《温病条辨》切实有用的疗疾思辨和方法，对《温病条辨》一书写了评点（评点之书，存周庄门生后人手中，乃一巨著，未经整理），又写了《温病条辨》时方歌括，加以推介。柳先生用实际行动尝试整合温病学中不同流派的做法富含启发，这种学术风度和善纳襟怀，是值的学习的。

《温病条辨时方歌括》依照吴氏所分上焦、中焦、下焦所列方药撰写歌括，后附《温病条辨》原文。共计134方。

书中附篇二：一为柳（先生）选十四经腧穴相使引经，二为中药十剂。两篇都是课徒教材。

鲍昭：《温病条辨时方歌括》后记

中国中医药著作汗牛充栋，品类繁多。其中，采用以歌括为体裁，是较为常见的一种。歌括即歌诀、诗歌。如陈修园的《长沙方歌括》，就是将《伤寒论方》以诗歌形式编撰，为的是使读者易诵、易记、易用。又如汪昂的《汤头歌诀》《经络歌诀》及《药性歌括》等等，都是学医者习知习用的。撰写者要有深厚的医学功底，较高的文字表述能力和音韵知识，才能写出琅琅上口、通俗易懂的歌括。本书，就是柳宝诒先生把吴鞠通《温病条辨》中的时方，编撰成歌括，以供课徒时用。

《温病条辨》书中，分篇分条论析温病的三焦辨证及治法，宗法刘河间，是一部有助诊疗、流传甚广的温病代表作。柳宝诒在研读《温病条辨》时，做了两件事。第一件事是对《温病条辨》一书，写下了大量的评注。笔者祖父鲍汉祖曾对我说过，他在柳先生门生的后代处，见到过柳先生亲笔评注的厚厚一大册《温病条辨》原书。书的天地处写满了评语，多数书页中贴上了纸条夹签。南京中医药大学教授黄煌老师也曾见过此书，并对笔者祖父讲过，那部《柳评温病条辨》（书未定稿，暂定名）如果整理出来，学术价值不低。第二件事，为《温病条辨》中的药方，编写歌括，以广流传。后学者若能从先生的读书方法中得到启示，亦将有助于自己医药知识水平的提高。

在这里，必须说明的是，对于温病的证治，在学术观点上，柳先生的"六经证治"和吴氏的"三焦证治"，并不相同。柳先生在其温病名著《温热逢源》一书中曾写道："伏温之病,随经可发。经训昭垂,已无疑义……至吴鞠通《温病条辨》,横分三焦。谓凡病温者,必始于上焦手太阴。是以时感温风之证,指为伏气发温之病。彼此混而不分,其背谬为尤甚。"[1]又道："厥后吴鞠通著《温病条辨》,遂专注三焦,废六经而不论。殊不知人身经络，有内外深浅之别，而不欲使上下之截然不通也。其上焦篇提纲云：凡温病者，始于上焦，在手太阴。试观温邪初发者，其果悉见上焦肺经之见证乎？即或见上焦之证，其果中下焦能丝毫无病乎？鞠通苟虚心诊视，应亦自知其说之不可通矣。况伤寒、温热，为病不同，而六经之见证则同；用药不同，而六经之立法则同。治温病者，乌可舍六经而不讲者哉。"[2]

　　柳先生并不因为与吴氏学术见解不同而抹杀、弃置《温病条辨》中切实有用的疗疾思辨与方法。评析吴书，撰写歌括，这种用实际行动作为整合不同学术流派的尝试，富含启发。这种学术风度和若谷襟怀，是值得学习的。

　　《温病条辨时方歌括》原为竖写手抄稿本，现整理为横排简体字本，重加句读。其中通假字、异体字径改正字。因本书不以校勘为主，故不出校注。

　　附一、附二同为课徒教材。因篇幅短小，故作附文。

　　限于水平，难免有讹误之处，竭诚希望得到批评和指正。

鲍　昭

2021年3月7日于无锡市中医医院

注：[1]《温热逢源》1959年人民卫生出版社版第16—17页。

　　[2]《温热逢源》第60—61页。

　　综观柳先生著述，已出版者有：

　　1.《柳致和堂丸散膏丹释义》（已见有四种版本：清惜馀小舍本、与善医局本、陈居伟本、鲍昭本）

　　2.《温热逢源》（有有自序和无自序两种，无自序者数十次重印，版式多种）

　　3.《柳选四家医案》（木刻六卷本、石印本、铅印本、横排简化字本，各种校注本和点评本）

　　4.《柳宝诒医案》（张耀卿本，江一平本）

　　5.《惜馀医案》（陈正平本，陈居伟本）

　　6.《伤寒提要论》（鲍为群本）

　　7.《温病条辨时方歌括》（鲍昭整理）

稿存而未出版者：
1.《素问说意》
2.《惜馀医话》四卷（已刊者仅十四条）

散佚而未刊者：
1.《疟痢逢源》
2.《评选琴川医案三种》
3.《评选梓贤医案十六家》
4.《清芬医案》
5.《鸿雪医案》

柳先生为课徒，自编了整套从察病、识证、立法、处方、用药的教材，大多散佚，估计民间还会有一些留存。家中尚余一些杂稿，尚待整理。

五、门生：后继大军　群贤辉映

晚清农村，缺医少药程度严重。村民患病后往往因无钱医治而偾事。柳先生意识到要改变缺医状况，措施之一是要重视带徒。这既是壮大医师队伍、壮大医疗力量，也是传承中医事业的需要。

收徒传业绝非小事，柳先生在三十多年悬壶生涯中收徒，有着自己的定规。

1. 首重人品德行，骄逸、重利、粗率、怠惰者不收。文化水平大多以取得秀才资格者，以为学习运用历代医典之基础。年龄大小，出身贫富为次。

2. 授徒模式，改旧时一师带一徒为小班培训，旧式费时多，成效慢。新式每期十人左右，集中食宿于柳宅内（有时人多，亦借东邻赵姓门生家中余屋），学习氛围浓厚，精力集中，成效提升。

先生授课，要求门生从《内》《难》入手，历代重要经典，依拟定书目，逐一研读、背诵。先生讲解时自编各类教材，依据经典论述，再融入先生临证体验，又用歌括韵语，因而易记易用。门生间互促互帮，以老生带新生。

门生掌握了一定的医理、诊技、本草、处方的基本知识后，在惜馀小舍侍诊，抄方，学习四诊，然后练习拟方、试诊。往往是四五门生同时对一病家，试开方案，然后讨论评议。其间，门徒还须到西间药店（后搬周庄大街上）识别饮片种类和品档，见习或试手丸散膏丹的制作。学习期间，要定期完成布置的作业，定期写读书心得和诊病用药的体会、研究和评论，相互间切磋交流。最后介绍到附近诊室如詹文桥邓养初诊室去独立施诊开方，观察诊疗效果，听取社会评价。在《邓养初医案》中，可多次看到各门生在邓宅酌拟处方的记载。以上种种尝试，已能清晰地看到现代中医学校教学的雏形，也可以说是近代中医学校的嚆矢。先生数十年中，门生上百，多有医名及著述，良有已也。

门生简表

现把已知有明确记载的及门生、问业生及传承，列简表于下。

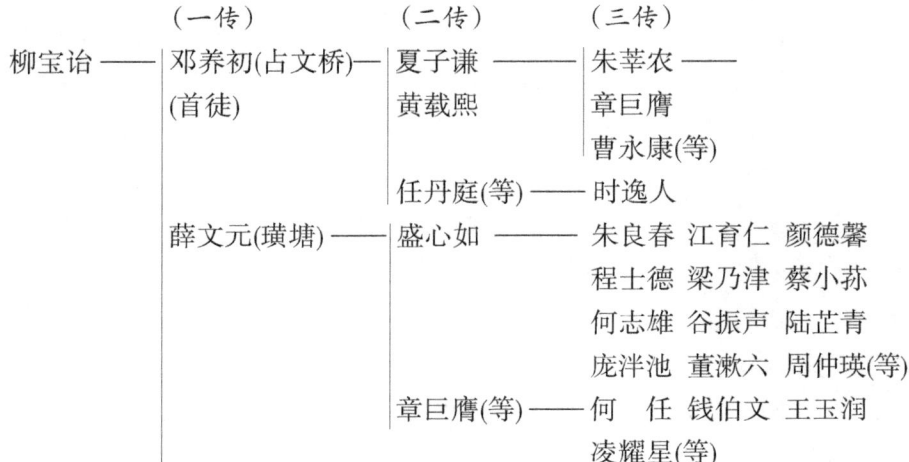

续表

```
(一传)              (二传)
金清桂(常熟)  ──  蒋志伊等二三十名
曹家达(周庄)  ──  章次公(等),同事及问业生有:秦伯未
(问业生)            程门雪 王一仁 陈存仁 严苍山 许半龙
                    黄文东 张赞臣 王慎轩 丁济华(等)

王定淮（后塍）
许卓云  郭于春
周咏梅（顾山）
吴晋丰（昆山）
郭吉庆（杨舍）
承宝庭  柳颂余
王家枚（华士）
魏用宾（南沙）
许正秀（鹿苑）
庞鸿荫（凤凰镇）
沙蔼士  王宝如
邓佩春（江阴城区）
赵静宜  赵树诚
徐  纶  王吉成
方少纯  徐迪侯
柳宝庆  徐宝光
缪君燕(等)（江阴周庄）

(四传)       (五传)        (六传)        (七传)
── 邢鹏江  ── 黄 煌(等) ── 骆天炯(等) ── 鲍  昭
   夏奕钧  ── 夏桂成(等) ── 鲍为群(等)
   缪  梁(等)
```

　　一个人事业的成功，因素很多。主要是个人的天赋与努力，时势环境的顺宜和机缘。其中师承关系亦为一重要因素。此传承

简表反映了先生学术思想的流通方向和影响范围。

先生门生，最早者是邓养初，成就最大者是薛文元；医学模式传承、德、技、药店、著述、自制丸散、艺文最近似，关系最密切者是金清桂；最后在学者有缪君燕等。现选几位（包括再传弟子），具体介绍如下：

1. 邓养初（前文已具）

2. 夏子谦（前文已具）

3. 薛文元

摘录《医家宿耆，教育先驱
——记上海中国中医院薛文元院长》
（原文刊于《上海中医药杂志》）

薛文元（1867—1937）名蕃，字文元。江苏江阴县璜塘镇人。早年师事江南名医柳宝诒，而后悬壶沪上，精于内妇二科，求医者络绎不绝。薛氏热心于中医教育事业，1931年就任上海中国医学院院长，为培养中医后继者卓有贡献，是近代中国中医界颇有影响的人物。其门人有盛心如等名医。

薛氏出身贫寒，父艺卿，为人帮厨。母朱氏，居家纺织，虽终日辛劳，亦仅勉强维持生计。他在私塾就读数年，即不得不辍学归家。而后去一富家做工，晨起放牧，晚间挑灯诵读，每至夜阑，如此数年，深得文学根底。此时，邻乡有药肆招收学徒，薛氏认为医药关系人生健康，济世救人，乃为善事，欣然从之。在药店繁忙的工作之余，他对药物形态之鉴别，药性温寒之差异，炮制及配伍规律，无不潜心研习。有来配药者，必询问患者之病源，根据处方，查询方书，探讨医家用药之旨。如有不明，则求教于坐堂医师，直到明了为止。日积月累,研习既多,对医药终至初通。

同乡医家柳宝诒，擅治温病，医名大噪。薛氏久闻其名，并在药店中反复研究病家送来的柳氏处方。只因家贫力薄，不敢登门拜师。柳宝诒知道此事以后，甚为嘉许，遂收薛为学生。薛氏认真攻读《素问》《灵枢》《甲乙经》《难经》《伤寒》《金匮》诸经典。旁及《巢氏病源》《千金》《外台》并金元明清诸家学说。在众弟子中，惟薛氏成绩最佳。柳宝诒常在诊余为其剖析经文，推阐各家辨证论治之秘，并复示运用医门八纲及汗吐下八法之旨。从师数年，进益日深，终成大师。

1931年，薛文元受上海国医公会委派，出任创办未久又濒临倒闭的上海中国医学院院长，励精图治，使医学院在办学规模、社会地位、师资力量诸多方面，安定兴旺为中国之最，被誉为"国医最高学府"。薛氏贡献巨大，业界公认其为近代中医教育界之先驱。薛氏学识广博，为人淳朴，热心慈善事业而望重医林。沪埠名医如丁甘仁、夏应堂等人，无不以兄礼尊之。薛担任院长，颇负众望。

1936年，薛氏辞职，由江阴籍名医郭伯良继任院长，直至1940年。郭长期为薛助手，学术思想、办学模式深受薛氏影响。薛文元入室弟子盛心如，亦长期在学院任教，担任事务主任、训育主任等职。这期间十余年，毕业生有1000多人，仅1936年统计资料显示毕业人数为236人。毕业生中如朱良春、颜德馨、梁乃津、何志雄、陆芷青、董漱六、江育仁、程士德、蔡小荪、谷振声、庞泮池、陈雨苍、何蔼谦等，均为近现代中医名家，国医大师。

4. 盛心如

（摘录自《江苏名医系列（8）——武进盛心如》）

盛心如（1897—1954），字守思，江苏武进人。自幼聪颖过人。因其"好学逾常，焚膏之余，咯红骤患。"后经业师张涵广调治而愈，并授其歧黄之书。自此之后，遂利用余暇，肆志于方术。

浏览涉猎甚广，研讨亦深。后投拜沪上名医薛文元为师，刻苦钻研，尽得心传。被薛氏嘉许为"第一得意门生"。秦伯未曾赞誉说："盛君心如，师薛文元，有青蓝之誉"。

盛氏悬壶沪上30余载，擅治内、妇科疾病和疑难杂证。临症问证，多独到之处，每起沉疴，医名大盛，与沪上名医程门雪氏同称为"海上二杰"。

盛氏曾受聘于中国医学院、中医国医大学、上海国医专修馆、新中国医学院等中医教育部门，担任中医基础学科和临床教学工作。著有《实用方剂学》《妇科学》《处方学》《儿科学》《温病学》等，大多散佚。

盛氏处方用药，灵活多变，得心应手，为同道所赞赏。诊病常与名医姻兄谢利恒联手，有在数九寒天投"白虎汤""麻杏石甘汤"以愈危难重症，有在盛夏酷暑投大剂"参附龙牡汤"以挽救将脱之阳。

盛氏博览群书，好古文诗词，曾题述怀一联云：救人自有回生术，医国真无起死方。门生遍于全国，即学生朱良春等一班几十人员，其后汇成百千中医大军。长子泽民早年行医，长女景华亦传其业。

5. 金清桂

（据《张家港史志》缩写）

金清桂（1865—1941），字兰升，号石如，晚年号冬青老人。江苏常熟金家村（今属张家港市）人。初习举子业，博览群书，擅书画金石。至廿三岁，功名不就，作诗"郭外闲游眺，春风乐迎送。得时花作态，在野草无名。旧事空惆怅，新诗写性情。欲消尘俗虑，柳下独听莺。"诗投柳先生，先生见其情真意切，收为弟子。遂得上窥《内》《难》《金匮》之奥蕴，下采后世诸家之精英而卓然成家。资质才气过人，尽得柳师真传。

结业后在常熟城中及金村行医，擅治黄疸、鼓胀杂病。民国时，与王宗锡、章成器三人被誉为常熟乡区"三鼎甲"。尝创制多种丸药，如疗疸之"铁霜丸"，治臌之"运脾丸"，治心胃痛之"如意丸"，治痞之"消痞丸"，治血虚之"补血丸"等，均有良效。金氏宅心仁慈，晚年于出诊路上仆地昏晕，俄醒，即起而应诊，人劝其稍事休息，则曰："无妨，病者在，不可使久待"，左右皆为之感动。罢官归里的翁同龢赞其："金君多才艺。业医颇聪敏。"柳师逝世后，集资刊印《柳选四家医案》。门弟子众多，如濮康安、孙敬思、张云迢、王寿仁、蒋志伊、陈家栋等。

金氏一生著作甚丰，有《补缺山房医案》数十卷，续柳冠群《续惜馀医案》若干卷，《医学初步》二卷，《历代医学名人表》一卷，《石氕医学丛组》二卷,《茧室一得》,《医学刍言》二卷,《金氏医案》及《冬青医案》等。

编纂者收藏有《冬青医案》手抄本（上）（下）两巨册。近时，常熟中医院吴门医派虞山医学研究所医学名家丛书第二辑，已正式出版《金兰升医学全集》。江一平、沈桂祥处亦已编就《金清桂医案》一巨册。

金氏广招门徒，在医室旁自开药店，自制丸散膏丹，运行模式最近似柳先生，两人关系也最为亲近。柳宝诒外孙杨浦云，是金兰升的女婿。

6. 章巨膺

章巨膺（1899—1972年），又名寿栋，江阴澄江镇人。早年受业于夏子谦，为柳宝诒的二传弟子。1929年与徐衡之、陆渊雷等，共同筹建上海中国医学院，在国医和上海中国医学院主讲《伤寒论》及温病学。1933年，襄助恽铁樵举办中医函授事务所，主持教务，并主编《铁樵医学月刊》。恽氏去世后，章巨膺独任其事。1936年任教于上海中国医学院、上海新中国医学院、并受聘为新中国医学院教务长。中华人民共和国成立后，任上海第一中医进修班副主任。1956年与程门雪等受命筹建上海中医学院，任教务长。倾力从事中医教育事业，桃李满天下。其弟子有何任、王玉润、钱伯文、凌耀星等。

上海中医专门学校、中国医学院和新中国医学院，是中华人民共和国成立前上海办学时间最长、影响最大的三家中医学校。当时，《柳选四家医案》在上海中医界流传极广，几乎人手一册，这与薛文元、曹颖甫、盛心如和章巨膺分别主持教务时的推介有一定关系。由此也可见柳宝诒的学术思想，在当时影响之大。

7. 周仲瑛

周仲瑛（1928—2023年），江苏如东马塘镇人。南京中医药大学校长、教授、主任医师。周氏祖辈几代业医，13岁时即随父研习中医。17岁随父出诊。1947年考入上海新中国医学院，业师有章次公、朱鹤皋、蒋文芳、盛心如等。1949年独立行诊。1955年考入江苏省中医进修学校学习，任课教师有邹云翔、曹鸣皋、时逸人、王慎轩等。结业后留任江苏省中医院医师。

几十年来，周氏身兼教学、行政和科研多项职务。对江苏中医事业的发展，贡献巨大。周氏医术精湛，重视中医学科建设，主编《中医内科急症学》。主持编写了《中医内科学》等多部教材。担任院长九年，坚持走中医特色的办学方向，从主编一大批全国统编教材，到对研究生培养、促进带动一大批老教授经验传承、带领一批专家完成对《中华本草》《中医方剂大辞典》等巨著的编写以及国际化办学模式探索，都倾注了大量的心血。

1983年始周氏招收博士生，培养了一大批中医栋梁之才。2009年被评为首届国医大师。

其他如先生问业生曹颖甫，也是著名的中医大师，著有医案，事迹详见《中医历代名家学术丛书·民国医家曹颖甫》。

又如先生再传弟子时逸人，对近代中医特别是中华人民共和国成立后中医事业的创建和发展，贡献巨大。时氏是邓养初弟子任丹庭的女婿。

上述门生，各有一批又一批的后继者，徒徒生徒，三传四传以后，已汇为一支中医大军。这既圆了柳先生的夙愿，也使柳先生名符其实地成为一代中医教育大师。

网上有人统计说，国家第一批30名国医大师中，有11位是柳先生再传弟子。另外，柳先生再传弟子中，多人担任过如南京、山东、安徽、浙江、上海中医学院院长。如果果真如此，则在当时中医界也是独一无二的现象。

六、公益：热心公益　造福后生

柳先生在20岁前，家境并不丰裕，仅靠祖传七八亩薄田租米，一家三口，年丰时也仅能糊口。成年以后，社会震荡，尤其在太平天国统治江南期间，社会各阶层斗争剧烈。所以从20岁左右，先生即操岐黄之术，补贴家用、完成婚配、嫁妹。成家以后，收入渐丰，待到考中贡生，特别是京城辞官回乡悬壶，经济状况才有大的改善。先生此时并未购置田产，而是将收入的很大部分，投入社会公益事业，造福后生，造福梓乡。

1. 周庄文社、义学

创办周庄宗言文社。在清代，富家子弟有家塾，请名师，而农家子弟，往往无力读书，或入环境、条件差的私塾勉强就读两三年，识几个字而已。先生幼时，饱受求学之困苦，故学习刻苦。而后，经济条件好转，为报答家乡，为家乡培育英才，所以在周庄镇法鎧庵东，建造了三楹房舍，创办了文社。

文社是清代各地方所办童生汇文的场所。童生可来此看书学习，探讨学习中的困难，交流历年各地应试信息。一月一次定期或不定期会面。文社中有藏书室，藏有县试及乡试时必读的经典书籍及工具书，供诸生学习或查考。集合日由教授者值班指导，答疑解惑。文社是围绕科举考试，服务童生的民间机构。周庄原来没有文社，柳先生为振兴地方文化，期冀周庄地方人文蔚起，故筹措经费，建造了文社，添置书籍资料，聘用教授。同时，先生看到农家多无力入私塾识字子弟，在文社旁又建一义学，请塾师，教蒙童，费用全由先生负担。义学帮助了不少农家子弟的识字和基本筹算的要求，满足了社会需求，普及和提高了乡梓的文化水平。

民国《江阴县续志·学校·文社》："周庄镇文社，在法鎧庵左，光绪二十三年（1897年），里人柳宝诒等筹款，建屋三楹。因相传定山矕塔湾有先贤言子游读书处，故名曰宗言，以志景仰。每月会文于此。兼设义学。并藏书室，内藏十三经注疏，二十四史，东华录、子书二十八种，大清会典律例及法政自治各编十八种，地舆博物等全图。三十一年（1905年）改办初等小学堂"（即后来周庄中心小学校舍之内）。

义学是启蒙教育，文社为诸生交流场所，低、中两个层次具备。柳先生是发起人、主事者、负责人，负担经费开支。文社定名"宗言文社"，是表示景仰先贤言子游在定山的读书处，有接续先贤读书、修身的意思。文社所藏书目，可以折射出柳先生幼时读书所经历旅程的影子，先生自幼熟读十三经、二十四史、二十八子和各类文集以及律法、地理，打下了坚实的朴学基础，擅音韵训诂，有这些知识为基础，自学医学经典，自然能登堂入室而融汇贯通了。

宗言文社原址在周庄中心小学旧址中，校门内大走廊东。西为法鎧庵。文社三间大屋前有花园，对面墙上有柳宝诒手书"南国文章"四字砖雕。

2. 江阴东南乡试馆

江阴城内有东南乡试馆，柳先生亦参与创办，并曾任董事。试馆为东南乡学子应试提供了便利，对江阴文化事业，也做出了极大的贡献。

七、艺文：书继诚悬　诗文朗润

柳先生幼时入塾，即练就一手好字。最早临习本家先贤柳公权，后上溯二王。正楷方正不苟，劲道润朗。行草落笔云烟，隽秀清健。行书学文征明，草书与书法家苏嘏、孟起凤齐名，均擅时场。开出之医方，虽寸笺片纸，常被珍藏。其书法作品常见于北京、上海、香港拍卖市场，为爱好者收藏。

先生文章思路清晰，内容充实，结构紧凑，婉转灵活。凡有所议，逻辑严密，富有说服力。

先生诗词，留存数量所见不多。但每作大气雍容，思绪开阔，气势畅达，感染力强。惟好典故，较为深奥。

1. 柳宝诒：《寿吴翊之九十》

（一）

堂开百秩献桃尊，瑞霭和光萃德门。
慧晓文侯多俊誉，高阳才子属龙孙。

　　　　　一门洋溢推刘豹，五叶祥符祝谢鲲。
　　　　　忝附茑萝居子姓，愿附兰桂拜云根。

注释：
　　第一句：百秩：十年为一秩。九十一过，进入百秩之期。
　　　　　桃尊：西王母献桃祝寿。尊：酒器。意为寿酒。
　　寿堂开启，进入百岁之期，我奉上寿酒相祝。
　　第二句：瑞霭：祥瑞之气。萃：聚集。
　　　　　德门：世德之家。
　　礼教之家，充满了祥和欢庆气氛。
　　第三句：慧晓:处事聪慧。文侯:魏文侯,春秋五霸之第一霸。
　　　　　俊誉：指有才智出众的名声。
　　寿星处事聪慧，可比魏文侯。
　　第四句：高阳才子:舜禹时的八恺,出身高贵,职位高,有才干。
　　　　　龙孙：吴氏子孙，乃大禹之后，称龙子龙孙。
　　出身高贵像高阳才子，吴姓，本是龙子龙孙。
　　第五句：洋溢：指神采奕奕。
　　　　　刘豹：刘渊之父，匈奴首领，称八贤王。指一门多出将领。
　　一门之中，人才济济，办事个个精力充沛。
　　第六句：五叶：五世相传。祥符：吉祥昌盛。
　　　　　谢鲲：祖谢缵，父衡，弟裒，子尚，侄谢安，孙谢玄，五世其昌。
　　寿星家中，像六朝时谢鲲之家，代代兴旺，五世其昌。
　　第七句：忝：位列于，谦词。茑萝：两草互缠向上共长，喻相互扶持。
　　　　　子姓：柳姓由吴姓分出，本出一家，吴是母姓，柳为子姓。
　　吴柳本一家，要像茑萝两草一样，相互扶持向上。

第八句：兰桂：称人后嗣，如兰似桂。
　　　　云根：高山云起之处。喻寿如高山的长者。
我跟随你的孝子贤孙，跪拜寿星。

（二）
　　共制霞觞祝大椿，德门庆溢语才真。
　　欧阳诗颂毕光禄，东观恩颁卢舍人。
　　白笏绯衫朱杖履，金牙铁齿玉精神。
　　君家自有长生术，吴实商山不坏身。

注释：
第一句：霞觞：色彩斑斓的酒器，此处指美酒。
　　　　大椿：上古大椿，八千岁为春，八千岁为秋。指男
　　　　　　　姓寿翁。
共举美酒祝寿翁。
第二句：德门：礼教之家。
　　　　庆溢：欢庆事多。
礼教之家喜事多，这话真对。
第三句：欧阳：欧阳修。
　　　　毕光禄：北宋毕士安家世代高官。士安孙毕从善为
　　　　　　　　光禄寺少卿。曾孙与欧阳修友善。
毕家世代为官，为国为民，欧阳修写诗颂其贡献。
第四句：东观：旧时宫中藏书、著书之处。
　　　　卢舍人：明代卢潭，办事认真清廉，宪宗授之中书
　　　　　　　　舍人时给钱帛。
颂诗像欧阳修之颂毕光禄；颂文如明宪宗恩颁给卢潭那样。
第五句：白笏：象牙白色的朝板，喻有爵之人。
　　　　绯衫：高龄者穿的彩色衣裳，指寿翁服饰。
　　　　朱杖履：朱红色的柱杖。

寿星白玉笏、彩寿衣、红寿杖，今日穿戴喜庆之服。

第六句：玉精神：精神如美玉，温润完美。

寿翁是牙似金、齿坚似铁，美玉一样的精神。

第七句：君家：指寿翁。

寿翁一定自有长生之术。

第八句：吴实：秦汉时老者，为商山四皓之一。

像商山的吴实一样，早已修成金刚不坏之身。

2. 惠山贞节总祠联

无锡惠山寺塘泾（今下河塘）有一座建于清代的浦烈女专祠，清代康熙年间改建扩大后增祀烈女，至道光时总旌"贞寿节烈"女子两千余人，称惠山贞节总祠。

在寺塘泾贞节总祠新修竣工时，时任江苏巡抚的林则徐曾题联一副：

盛典继毗陵，表千秋潜德幽光，长使冰心昭炜管；

新祠崇惠麓，聚两邑贞姬淑媛，群钦风节树香苏。

——毗陵又有节义大典，为了表扬隐而不显的贞女美德，她们的冰心能永远得到记载和彰明；新修的贞节祠，巍立惠山之麓，聚合了无锡、金匮两县坚贞、贤惠女子的灵气，人们钦慕她们的风骨节操，就像钦慕那苏合树发出的馨香。

林则徐亲书的对联，朱底黑字，挂在总祠大堂进门处，但门柱有四，还缺一副附联，请人撰写，多年无人敢应。林则徐之联文绝妙无双，林书又健俏无比，无人敢与之并列。直到光绪年间，有人荐举柳宝诒。认为柳氏官阶虽低于林，但文才、书艺可与林媲美。而且柳自小孤苦，对祖母、母亲守寡的困苦生活，有切肤之痛。柳先生应邀至惠山，当场一挥而就。

节比九龙高，从此名山崇俎豆；

调余寡鹄苦，好将大义植纲常。

——她们的气节比九龙惠山还高，从此名山惠山有了祭祀她们的崇祠；失偶天鹅般的苦痛，因她们的坚守和苦劳才稍稍得以平复，她们的大义将注入现世的人伦规范之中。

看到柳先生手书对联，士林拍手称好。镌漆后挂于林则徐联两侧。游祠者细品联文，欣赏书法，都认为两联相得益彰，齐称"双璧同辉"。

3. 柳宝诒：《缪象复像赞》

摘自《东兴缪氏宗谱·卷一》

公之貌，端以庄。公之品，严而方。
公之德，直以刚。公之福，寿而臧。
洵德行之粹美，著文章而裔皇。
根深者，枝必茂。积厚者，流自光。
惟公德之不朽兮，宜后嗣之永炽而永昌。

4. 赠友对联

网上曾见拍卖柳先生字联一副：

（集颜真卿《争座位帖》字）
开径喜来三益友，
升高还得九能才。

穀孙柳宝诒□□（前章"柳宝诒"，后章"穀孙"）

三益友：友直、友谅、友多闻。

九能：君子九能之一，升高能赋。

观此联文意，可知先生胸襟。开径即开辟新路，不满足于走老路。这是宝贵的创新意识。而且不是一人独创，要联合三益之友，一起创新。单创新还不够，还要升高，提高自己，攀登高峰，还要善于表达自己的见解。

"开径""升高"四字，反映了柳先生对人生的不懈追求。

八、后代评述：莘莘后学　用之不勤

一位医家的德技及学术思想的影响和传承，大致途径有四。一是家传，子女后辈代代相传。二是通过门人弟子，柳先生再传三传，至今有明显脉络可寻者已至七传，人数逾万。但二传以后，主要通过学校途径，与旧式带徒，方式和人数不可同日而语了。先生的精神品德虽不能一眼就看到，但影响常存，代代相传。医技和学术观点可从著述中学到，也会长久流传。三是通过地域流派和学术流派的学术活动或地域交流而流转推广。柳先生是龙砂医学流派中承上启下的关键人物。座落在无锡市中医院内的龙砂医派研究院，在定期的学术和对外的交流活动中，推广并发扬光大龙砂医派精神及传统，从中，柳先生的德技和学术观点，也得以介绍并推广。四是执业中医的万千大夫，在学习和临床中会碰到运用柳先生已总结的理论和方法，会对其进行补充、修正或推广。

依秋霞《柳宝诒》

至今，全面论术柳宝诒医学思想的专门著作，还未见到。对柳宝诒的医案及《温热逢源》作较为系统全面论述评价的，首推依秋霞2021年中国中医药出版社版《中国历代名家学术丛书·柳宝诒》。

任启松《温病学心法》

任启松在2017年学苑出版社《温病学习法》一书中，引用了柳著《温热逢源》卷下的全部内容，但未对《温热逢源》全书作评述。

许履和、徐福松《增评柳选四家医案》

柳著《柳选四家医案》出版后，风行海内，影响极大，后生学子心得颇丰，可见影响深远。

· 门生邓养初对柳案进行再评。

· 江阴孙梓文又增眉批。

邓氏、孙氏的增评，都收入许履和、徐福松整理的《增评柳选四家医案》书中，由江苏科技出版社1983年出版。

许氏和徐氏在前言中说：

《柳选四家医案》，为江阴名医柳宝诒先生所评选。四家者，清代江南名医尤在泾、曹仁伯、王旭高、张大曦诸先生是也。柳氏取材严谨，按语精辟。自光绪年间付梓以来，早已脍炙人口，誉满医林。

迨后，对《柳选四家医案》眉批者，有江阴邓养初、孙梓文两先生。邓氏乃柳先生入室弟子，学问渊博，经验宏深，其眉批匠心独运，识见高超，堪与柳案媲美。孙氏六叶岐黄，家学渊源，阅书既广，求理亦深，其眉批细腻熨贴，言多中肯，可供后学借鉴。今将邓、孙之评语汇纂厘订，充实其间，定名为《增评柳选四家医案》。

书中评语，大体依柳、邓、孙为序。四家医案三家评，内容丰富多彩；议病用药，已臻炉火纯青之境。读者得此，苟能简练以为揣摩，必将学与年俱进，技同岳共高。

叶国芝《柳选四家医案选评》

1984年湖北科学技术出版社出版。

湖北中医学院在"叶氏选评"的序中说：柳选四家医案因门类齐全，取材审慎，理法并重，加之"诒按"阐古启新，简捷明快，评议选药颇多发挥，所以近百年来久负盛名，成为研习临床各科的重要读物。"湖北中医院副教授、名老中医叶国芝同志，于古稀之年，积数十载医疗、教学经验，以严谨的治学态度对原书进行考订，逐门逐案反复筛选修改，详加评注。""保留了理论联系实际的特色，突出了尤、曹、王、张、柳各家学术精华。""本书原稿拟定后，叶老不幸病逝。"

叶国芝：《柳选四家医案选评》前言

医案，古称"诊籍"，又名"病案"。为历代医家临床经验的记录，阐发医理之余蕴，擅治疗之专长，诚为祖国医学经典著作之辅翼，理论联系实际之桥梁。如能学以致用，不难触类旁通。历代医家，兀兀穷年以钻研前人医案者，良有以也。

清代，尤在泾、曹仁伯、王旭高、张仲华，乃江南名士，博极群书，尤精医理，所书医案，均系个人毕生实践经验之总结，犹杏林春满，誉极一时。迨后柳氏宝诒，亦为医林高手，赞赏"四家"之临床经验，并选其验案之善者，参合已见，撰为《柳选四家医案》。其书论理精简朴实，源流俱彻；论治丝丝入扣，亲切不浮。读其文，心目俱朗；验于证，每获良效，当是医案之良者也。然其中亦有议论繁琐冗长，法与方药欠合者；诒按虽如画龙点睛，亦难免有未尽之处。因此，临证之余，每有择要整理之意久矣。

余虽年逾古稀，在"四化"宏图鼓舞下，愿尽绵力，不甘言老。但得夕阳无限好，无须惆怅近黄昏。于是不揣浅陋，作此"选评"，择原书论理精辟，方法周到之案例，适当归类整理，在科室同志协助下，结合个人临床体验，加以评注，阐发其微，以广其用，力求通俗易懂，理义昭晰。倘能于中青年医务工作者有所裨益，于愿足矣！错讹舛误，敬希读者不吝赐教，则幸甚焉。

可见，选评四家医案花了叶氏多年心血，也是他毕生经验的总结。

洪嘉禾、潘华信《评校柳选四家医案》

1993年上海中医学院出版社出版。

潘华信：《评校柳选四家医案》自序
《柳选四家医案》是晚清名医柳宝诒所编撰的一本医案佳作，它包括尤在泾《静香楼医案》二卷、曹仁伯《继志堂医案》二卷、王旭高《环溪草堂医案》三卷、张仲华《爱庐医案》二十四则。柳氏的选案堪称刻意研精，非美勿采，蒇事后经翁同龢作跋，光绪甲辰（1904年）由上海瑞文楼书局等付印而行于世。

在祖国医学的伟大宝库中，汉代的理论，唐宋的方药，金元的学说，明清的医案，都是弥足珍贵的璀璨瑰宝。对于医案来说，其重要性在于把理论、学说、方药熔成一体，是高深的理论与具体临床相结合的一座桥梁，集中地体现了中医治病的传统特色，因此它是继承和发扬祖国医学的重要环节之一。宋前医案都是叙事性质的，散而约；金元医案则大抵以学说为中心，主导治疗，颇具标格，又不免偏仄；迨清始博采兼收，掇萃掇英，趋向博大精深，而规范毕具。叶（《临证指南医案》）、徐（《洄溪医案》）、吴（《吴鞠通医案》）、王（《王孟英医案》）乃其中之卓荦大成者，学者深究之，而柳选《四家医案》足堪与之相媲美，其思维之灵动，辨证之精密，用药之奇特，文字之优美，毫不逊色于前者。由于辑成较晚，对它的深入研究远不能与叶、徐、吴、王医案相提并论，其中许多学术精华和治病特色尚有待于总结发扬，因之，我们重新评校了此书。

虽然柳宝诒在本书的整理中已先期做了不少工作，且不乏精辟之见，但稍嫌疏略而厥旨未畅。我们的评按，主要侧重于剖析概念疑义、阐明学术渊源沿革、密切联系临床实用、客观评估得失等方面，冀希对年轻一代学习中医有所裨益和帮助。

这次校雠，我们以1959年上海科学技术出版社通行本为底本，以上海中医学院图书馆藏瑞文楼、惜馀小舍光绪甲辰本参校，重加句读标点，订正了通行本中的个别讹误。限于水平，存在着不少错误和缺点，竭诚希望得到读者的批评和指正

潘华信
一九九二年四月于上海中医学院

潘华信《中医名家经典医著丛书（二）·柳选四家医案评校》

2013年江苏科学技术出版社出版。

20年后，潘氏重印，改名《评校柳选四家医案》为《柳选四家医案评校》，用力甚勤。

丁振忠《〈柳选四家医案〉按》

2022年东南大学出版社出版。

细读案语，参悟深透，亦倾注了半生心血矣。

丁振忠《〈柳选四家医案〉按》引言

医案者，乃看病的真实记录，充满了悬壶者毕生的心血，洒落于纸，为世人留下形象生动、悦目可餐的临床素材，以及极其宝贵的医学文献资料，受到历代医家珍藏而反复把玩，为

青囊中不可缺者。四家医案，乃清末名医柳宝诒亲自取材，均系清代医案中之精粹者，尤、曹、王、张，皆为江南名医，名噪一时，其真知灼见，炉火纯青，力透纸背，精彩纷呈，发人深省，示范后学。更有柳评，句句实际，启人心扉，指点迷航。苟能悉心研讨，探索前贤如何辨证论治，定可获益颇丰。

余行医四十余年，细嚼《柳选四家医案》，略有心得，勉力点按，假以呐喊，若能引起杏林新人的关注，为此殚精竭虑地狠下功夫，长此以往，将积累名宿经验，化为己用，有益于临床。此乃老朽殷切希望，故整理冠名为《〈柳选四家医案〉按》，与同道在书山学海中奋勉，促进医技日新月异，欣喜研读医案者。

丁振忠

2004年10月28日写于南京建邺医院

张蕾、刘更生《中医古籍名家点评丛书·柳选四家医案点评》

2021年中国医药科技出版社出版。

张、刘在全书点评"二、主要特点"中说："柳氏选评诸家医案颇费心机。首先，选择侧重于内科杂病，兼及妇儿诸科，重点突出；其次，选案理、法、方、药较为完备，避免读者体悟时费解；其三，编排有统一顺序，将病证分为40门，各家医案均按此排列，井然有序，便于检索及相互参阅；其四，于各案之后选加按语，客观评述，或论证析义，或评方议药，或言其长，或道其短，简明中肯，切实不浮。"

"诸家医案经柳氏编选评注，光彩溢发，阅读顺畅，因而受到后世推崇。如《留香馆医话》云：《柳选四家医案》为最合时宜之名,该方案皆当时原本,不加雕琢,置之案头,亦一良导师也。"

书中总结有"制丸法""煎药法"和"服药法"为又一特色。

鲁兆麟《柳选四家医案点评》

另有鲁兆麟《柳选四家医案点评》等专著。
《四家医案》十人点评,亦可谓医家之盛事。

后代医家评论

对于柳先生的学术思想,后代医家主要依据《温热逢源》《柳选四家医案》和《柳宝诒医案》三书,对先生其人、其书、其学,进行研讨和评价。如:

王乐匋在《老匋读医随笔》中说:"柳氏运用养阴一法,极富经验,几乎把养阴法的规律摸透了。柳氏之于逐邪泄热,也同前面提到的养阴一法的运用一样,大胆、稳健既掌握时机,又不孟浪偾事,例子不胜枚举。柳氏是继叶、薛、吴、王之后的一大家。其论治温,别具心得,而养阴与泄热,又是他论温的精要所在。这一经验,是值得继承与吸取的……同是一种治疗方法,在他人也许认为不可使用者,在一个富有经验的医生用起来,可以任其驾驭,而绝不流弊。柳氏之养阴,便是如此"。

张耀宗在《柳宝诒生卒年代与事迹新证》一文中评价说:"晚清江南名医柳宝诒先生,是近代对温病学、伏气学说有卓越贡献的一位医家。所著《温热逢源》与编撰《柳选四家医案》二书,前者博引诸说,揭示伏温的辨证与病传特点,并结合亲身实践,创助阴托邪法则,对温病学说有所发挥。后者选案切合实际,通俗易晓,重视理法方药的评述,帮助后学临证辨治,受到海内医林的称颂。"

陈大舜主编的《中医各家学说》评价说:"柳宝诒发挥《内

经》之旨，倡"伏气温病"之说，对温病病因、病理、诊断、治法等均有较系统的阐发……成为当时别具一格的温病学家。丰富了温病学说的内容。"

朱步先在《柳宝诒学术思想探微》文中评价："柳宝诒是清代杰出的温病学家，对伏气温病的研究尤为深邃，擅长运用扶正托邪之法。他治学崇尚实际，博采众长，敢于创新。在温热病的辨证中，不拘泥于六经、卫气营血、三焦某种辨证方法，而是以六经辨证为基础，把卫气营血、三焦辨证巧妙地结合起来，形成了独特的辨证体系。对伏气温病的证治，既注意到扶正托邪法的运用，更能权衡邪正斗争的态势，立方虚实兼到。兹分别探析如次：治学注重实际，反对食古不化；强调六经辨证，兼赅卫气营血；善用扶正托邪，立方虚实兼到。柳宝诒治温热病，最精妙之处，还在于运用补托一法的同时，权衡邪正盛衰，把握疾病发展的态势，损有余，补不足，立方虚实兼到"。

顾植山（柳先生四传弟子）主编的《中医文献学》评价说："清末柳宝诒所著的《温热逢源》，对《内经》《难经》《伤寒论》中有关温热病的原文，进行了深入分析；就前人的见解提出商榷，集中对伏气病温的病因、症状及治疗原则进行了阐述，提出养阴透邪等治法，完善和发展了伏气温病学说。

柴中元在《热病衡正》中评价："有关伏气温病的内容，历代医籍中并不鲜见，但零星如落地散珠，乏一线以贯之，而《温热逢源》对此，则论述较为系统全面。柳氏见解深刻，分析较有条理。这是外感热病学中的一份宝贵遗产，值得认真发掘。""《温热逢源》卷帙不繁，但柳宝诒议论，多能独抒己见，极少人云亦云……柳氏之世，叶、吴学说大行，医咸宗之，唯柳氏别具识见，独树一帜，大倡伏气之说，与戴北山之论温相合流，形成温病学派中一个重要分支，另辟了一径。这对中医研究外感热病，贡献不小。柳宝诒的伏气温病观，吴鞠通的必先犯肺说，都是病理上的逻辑法。但柳氏之说空灵活泼，吴氏之说执一不化，就指导临床的实用价值来说，实有上下床之判。"

黄煌在《中医临床传统流派》中评价："《温热逢源》明确了伏气温病与新感温病的区别，揭示了伏温的辨证大纲与传变特点，创立了助阴托邪的法则，是对温病学识的充实。柳宝诒温病学说的价值，不仅是学说本身，还在于柳宝诒继承创新的研究思路。他依据伤寒六经分证，而又不拘泥于《伤寒论》的治法方药，研究温病则又能另出新意。这在寒温之争剧烈的清末，不能不说是一个创新"。

对于《柳选四家医案》，黄煌在《医案助读》中认为："作为供门人研读的《柳选四家医案》，问世后即很受中医界的欢迎。据《中国中医古籍总目》记载，该书从清光绪三十年（1904）到1957年的50多年中，已刻印9次。柳宝诒选案的特点有二。其一，选近人近邑的名医医案，如长洲尤在泾、常熟曹仁伯、无锡王旭高、胥江张仲华，均为清代江南名医。由于时代和地域相近，文风与疾病类型相近。此医案读来自然通俗易晓，切合实际。该书所选均为立法严谨、用药切实的医案。柳宝诒说：'窃念方药之道，动关性命，非如词章曲艺，可以随人好恶，各自成家。'故所选之案'必博稽精采，慎所从违，庶几可法可师，不致贻误来学'。其二，在医案的评注方面，柳宝诒重视理法方药的贯穿，重视古法古方的变通，并能从临床实际出发，做出实事求是的评注。认证精切，方药妥当者肯定之，欠缺者则指正之，并能道出自己的临床心得，这对帮助初学者通过阅读医案学习名家的用药思路与临床经验、训练辨证论治的技能，无疑是很有意义的。柳宝诒以后，医家均重视研读医案。"

龙砂医派现状

顾植山：《江南杏林一奇葩·龙砂医学概说》

柳宝诒先生在龙砂医学发展中，发挥了承先启后的重要作用。

柳宝诒的学术思想，对龙砂及其周边地区的医家，影响极大。如对江阴朱氏，朱莘农问业于岳叔夏子谦，夏的老师是柳宝诒的著名弟子邓养初。朱氏自谓继承发挥了夏氏医技学识，故见朱氏与柳氏学术思想之传承渊源，十分清晰。

稍早之沪上名医，江阴籍吴达，所著《医学求是》中云："吾乡柳宝诒明经，究心医学，不随时尚，余尝以《霍乱论》《温热经纬》赠之"。柳宝诒则为吴氏医案作跋，忘年之交，惺惺相惜。

柳宝诒重视传承教育，弟子达百余人，俱成医学名家。因柳宝诒学生薛文元，再传弟子章巨膺及同乡晚辈问业生曹颖甫、朱少鸿等俱悬壶上海，故柳氏学术思想在近代上海中医界有广泛影响。

柳宝诒入室弟子薛文元担任上海中国医学院院长，薛之弟子盛心如任事务、训育主任，所授著名弟子众多。柳氏首徒邓养初，再传夏子谦，三传章巨膺等建上海国医学院，门生众多，俱为名医。那时，《柳选四家医案》在上海中医界流传极广，几乎人手一册。这当然是和薛氏、曹氏、章氏分别主持上海三所中医学校教务时的推崇、介绍，有一定的关系。

正因如此，当代不少医家对柳先生的学术思想也多有学习运用和发挥。

如江阴朱氏中医朱凤嘉在《论伏邪伤寒证治之概要》中，对柳先生的伏气温病思想多有发挥。朱莘农论述"夹阴伤寒"，与柳先生的少阴伏邪学说一脉相承。

高辉远在《中国百年百名中医临床家丛书》中对柳先生的伏气温病学术思想也十分推崇。认为无论伏气温病，或新感引动伏气，都应采用柳宝诒"伏气由内而发，治之者以清泄里热为主；其见证至繁且杂，须兼视六经形证，乃可随机立法"，使其温热之邪不致内炽。书中也记载了董建华十分赞同柳宝诒"治疗伏气温病，当步步顾护阴液"的主张，并付之临床应用。董氏以自记之医案，证明依柳氏主张，疗效神速，原因是遵循了柳宝诒提出的"邪已化热，则邪热燎原，最易灼伤阴液。阴液一伤，变证蜂起。故治伏气温病，当步步顾其阴液"。董建华认为，柳宝诒之论，颇中要领，临床不可忽视。

陆曙、陶国水在《龙砂医学流派系列介绍》十多篇整版连载的长文中，对龙砂医派做了全面的介绍及评述。文中说：为进一步推动龙砂医派的学术传承，无锡市政府于2013年正式批准成立无锡市龙砂学术流派研究所。2019年又升格为无锡市龙砂医学流派研究院。

近年来在顾植山、黄煌两位现代代表性传承人的带领下，龙砂医学蓬勃发展。目前有龙砂传承子弟千余人，分布在全国32个省级行政区域，以及美国、德国、法国、澳大利亚、加拿大、马来西亚、新加坡、瑞士等国。北京、山东、辽宁、湖南、广东、青海等地，共建有34个龙砂医学流派传承推广工作站。十多年来在全国各地举办龙砂医学特色技艺相关、国家级继续教育培训班40余场次，受训人员10万余人次。正如承淡安先生所言："我龙砂之光，泽被八荒"。

国医大师、柳先生三传弟子朱良春曾盛赞龙砂医派:"中华医药,博大精深。流派纷呈,各具优势。锡澄毗邻,钟灵毓秀。龙砂医派,杏苑崛起。经方膏方,五运六气,岐黄万代,懿欤盛哉。"龙砂各项工作在陆曙院长的具体领导下,正继续赓续历代龙砂医家胸怀百姓的社会责任感,治病救人坚持初心的仁爱精神,敢于创新,敢为人先,传承精华,守正创新,使前人的遗产成为开创中医新辉煌的动力。

在这个过程中,柳先生的医学思想,自然也会随之发扬广大。而莘莘学子,从中自能获长足进步。"绵绵长存,用之不勤。"

至于对柳先生某一医案、某次用药、某类疾病诊治研究的论文,数量也多,以所见者开列于附录之中。

九、后嗣:源远流长　后嗣外孙

江阴周庄东街柳宅,曾演绎过柳宝诒先生从一个孤苦少年,自学成才,成为晚清中医大家的历程。其中"惜馀小舍""柳致和堂"为不少中医业者景仰或向往之地。"柳宝诒故居"早已列入无锡市名人故居,在保护之列。故居在无锡市的关心下,在江阴市、周庄镇政府的支持下,用了多年时间,花重金进行修茸,面貌焕然。不久将布展后开放供人瞻仰。在柳先生逝世后,在故居中其后嗣还有可记之事,故把柳先生后嗣外孙中有关人事以及凡与本年谱中有关涉者,简介于下。

后嗣简表（一）

（柳、杨、方、金四姓关系表）（名字后有↓、↑符号者，表示为同一人）

柳宝诒孙氏	门生:金清桂	子:金康侯 　　金云安 女:(金氏)↓		
	长女:柳氏 　　西街杨	子:杨浦云 　　金氏↑	子:杨近仁↓ 　　柳中芸↓	三女:杨健美↓
			子:杨时勉↓ 　　方佩兰↓	长子:杨千里
	长子:柳昌业 　　徐氏	子:柳作屏 　　孙文华	长子:柳民元↓ 　　方佩玉↓	长子:柳蕴刚 　　杨健美↑
			二子:柳民九	长女:柳蕴毅
			幼子:柳民太	幼女:柳蕴珊
			长女:柳中英	二子:柳蕴强 　　朱　凤
			二女:柳中芸↑ 　　杨近仁↑	幼子:柳蕴新 　　刘乃萍
			幼女:柳中芬	
	内侄:孙洪度	女:孙惟贞 　方琴斋	长女:方佩兰↑ 　　杨时勉↑	
			三女:方佩玉↑ 　　柳民元↑	
			长子:方　洪	
			次子:方　俊	
			幼子:方　润	

后嗣简表（二）

（柳氏子婿）

```
柳宝诒 ─┬─ 长子:柳昌业 ─┬─ 子:柳作藩
孙氏          华士徐氏        柳作翰
                             柳作屏 ─┬─ 柳民元 ─┬─ 柳蕴刚 ─ 林  青
                             孙文华      方佩玉     杨健美
                                                  柳蕴毅 ─ 鲍为民 ─ 鲍昭
                                                  鲍汉祖   钱文雅
                                                          鲍为群
                                                          陈建平
                                                  柳蕴珊 ─ 沈  柳
                                                  沈立尧
                                                  柳蕴强 ─ 柳  晓
                                                  朱  凤
                                                  柳蕴新 ─ 柳  蔚
                                                  刘乃萍
                                        柳民九
                                        黄时芬
                                        柳民太
                                        钱琴余
                                        长女:柳中英
                                            陈逸群
                                        二女:柳中芸
                                            杨近仁
                                        幼女:柳中芬
                                            陈荫阶
        ├─ 女四:长适西街杨
        │      二殇
        │      三适徐戟仙
        │      四适徐讱如
        │
        │ （大房）↑
        │ （小房）↓
杨氏 ──┴─ 幼子:昌绪 ──── 柳作醴 ── 柳述唐 ── 柳蕴盛
(侧室)      城中章氏
        ├─ 女二:五女适张荣琨
               六女嫁张家港金村
```

冠群柳宝诒先生年谱 卷四

简介：

1. 柳昌业：柳宝诒长子柳昌业，江阴县学秀才。柳致和堂实际管理者。

2. 柳昌绪：柳宝诒幼子柳昌绪，常州中学肄业。柳宝诒逝世时十岁。

3. 柳作屏：昌业子柳作屏（大房），澄江师范毕业，在上海商会办的商校任职。参加辛亥革命，1911年在革命军光复上海最关键的战斗攻打上海制造局战役中，著有战功，任前线联络指挥官。革命军攻下制造局，救出陈其美，光复全上海。上海光复后，受虞洽卿、李平书、陈其美派遣，随李燮和、蓝天蔚军北上山东。柳作屏是光复烟台的负责人之一。后来，李军继续北进，日益右转接近袁世凯，柳作屏忿而离烟台回周庄。其时家中刚生儿子民元，药店又缺人管理，于是隐潜不出。与陈叔璇、陈唯吾为好友，互有帮助。两陈后来都是共产党江阴地区早期领导人。

饶怀民《李燮和与沪宁光复》，记录"百年辛亥·回首上海1911"："第二次攻打制造局的三支兵力中，战斗力最强的是军警……军警攻前门，商团、敢死队攻后门。李燮和担心诸营并起，不相统一，且各自为进退，不利于作战。乃派沈克刚、平智础，公羊寿文、柳作屏等奔走，通令协同作战。"

王伯撰《上海光复史》："上海光复后，蓝天蔚军开往烟台。"柳作屏是接收光复后烟台的负责人。

4. 柳作醴：昌绪子作醴（小房），习业西医，任职于上海。

5. 柳民元：作屏子柳民元（大房），初小毕业时，家中经济已衰退。时柳作屏好友陈唯吾带民元去华士读高小。高小毕业，陈又将柳民元送至苏州中学读初中，初中毕业后又鼓励上高中

（师范班）。毕业后毕生从事教师工作。与夫人方佩玉，两人均为江阴著名教育工作者。1935年在江苏省立女子师范（苏州）附属小学任教导主任（校长是吴研因之子吴增芥，吴后为苏州大学教授，著名心理学家），负责组织编写了一套《小学生作文指导丛书》，凡剧本、书信、日记等12种，合计20册，40万字，由商务印书馆出版，在当时国内教育界，影响极大。

1949年后，一直在周庄中学任教导主任，直至退休。

6. 鲍为群：柳民元长女柳蕴毅，嫁无锡鲍汉祖。生一子鲍为民，一女鲍为群。鲍为群是柳民元的外孙女，是柳宝诒的外来孙女。毕业于南京中医药大学本科，又承中国国医大师邹燕勤教授推介，跟随国医大师、妇科名医夏桂成进修妇科，执业于无锡县中医院。后移民加拿大，在家中自辟柳致和堂医舍执业开方。医著有：一、校编清·柳宝诒著《伤寒提要论》五卷，由江苏凤凰科学技术出版社2021年11月出版。二、整理常熟晚清名医诸士良内外科医案一部，编入常熟虞山医学流派丛书，已于2023年5月由江苏凤凰科学技术出版社出版。

鲍为群：《诸士良医案》前言

《诸士良先生内外科医案》共三册，底本系毛笔手抄。其中内科二册，外科一册，不分卷，约8万字。封面及每册首页首行题"常熟诸士良先生内（外）科方案"，手录者题"后学门人王寿春"，钤"王夔""寿春""太原主人""翰墨庐主""啸月居士""爱花生印""慎思明辨""得心应手"等印章。诸士良生卒及履历，尚未见可资考证的文字资料。抄录者王寿者的资料亦付阙如。

整理者在诸氏医案内科"黄莩君方案"中，见到有如下记载："顷阅小园先生方，用药味味周到，不愧名手。清热于湿之中，化湿于热之内。得鞠通之奥旨，获叶氏之真传。殊深钦佩……备方以候小园先生衡定并候高政"。这里的小园先生即清代常熟名医王小园。这是诸士良与王小园治病中切磋往来及方案交流之事实。查《常熟文史资料》有关王小园资料："王小园，世居东乡梅李塘小六泾。其父王春园，为当地名医。先生能继承先志，仍世行医，群称'小王郎中'。善治伤寒、温病……子二，若山仍在乡应诊；君勤寓居城内辛峰巷，亦继承旧业。若山子象九，亦在城应诊，后迁居榉树弄。数世相传，家学无替，迄今'小王郎中'之声名，犹传遍乡里"。根据这则资料，我们大致可以知道，王象九的祖父王小园行医当在晚清时期。诸士良也该是同时期的常熟名医。另外，从医案风格及体制、称谓来看，以及王寿春以"后学门人"的称谓同时抄录有王羹梅医案、诸士良医案、金慎初医案这一事实来分析，王、诸、金亦应是同时期人，都是清末常熟名医。

医案是医家临证的经验的记录，流传至今的众多医案大都也并非简单的诊疗纪实，而是前辈医家医学思想、医疗手段的总结，医案中蕴有鲜明的学术特色和诊治思想的阐述，蕴含着极富参考价值的临证经验。后学者如能仔细体会，把握意蕴，融会贯通，效法借鉴，则对提高医家医疗业务水平，必然大有裨益。诸氏医案，医理脉证翔实，遣药制治谨严，论病平易近情，立方妥贴易施。契合虞山医派之医风。

此次整理，以原抄本为底本，据病证作了分类，订正了错讹之处，句读、横排，字用简体，药名用规范字。医案内容不做更动，俾读者能窥虞山名医诊治之特点、特色，亦可为同道临证之一助。

鲍为群

2011年9月

鲍为群：《诸士良医案》后记

我1966年出生于江苏江阴周庄东街柳宝诒旧宅，"惜馀小舍"是我幼年嬉憩之所。我的外祖父柳民元是宝诒公大房曾孙，我外祖母方佩玉的母亲，又是宝诒公夫人孙氏的侄孙女。照此算起来，从宝诒公到我这一代已达六世，隔距有一些年代了。但是，有关宝诒公的医德、医术、著述、门生以及生活情况，我还是知道一些的。幼年的我与长辈们生活在同一旧居内，所听到的有关宝诒公的往事，还是十分真实、十分亲切的。家庭环境的耳濡目染，使我从小就对祖国的中医药事业，充满了兴趣和向往。

江苏名中医曹永康教授与我外祖父相熟相好。他们相晤时曾谈及宝诒公的子孙大多从事其他专业而没人克承家学，十分感慨。知道这事后，我从小就萌志，希望自己将来能习业中医，学做柳公医学传人。1984年我在江苏天一高级中学毕业后，就报考并录取南京中医药大学。五年的学习和实习，我从诸多良师处学到了丰富的中医药知识。毕业后，又承中国国医大师邹燕勤教授介绍举荐，跟随国师大师、妇科名医夏桂成教授学习中医妇科。后在无锡县中医院执业。

求学时，对黄煌教授的中医医案学说，有浓厚的兴趣。见到家中藏有晚清常熟名医王羹梅、诸士良、金慎初医案手抄本，就利用暇馀时间，把诸士良内外科医案作了整理。我的二舅公（叔外祖父）早年也曾研习中医，专精于修合柳致和堂秘制丸散膏丹，后改业教育工作。他知道我学习中医后，十分高兴。在一次我父母回家探亲时，他把保存的几本医籍手抄本送给我母亲并嘱转送予我。我如获至宝，在工作之暇，整理出了宝诒公所编著的《伤寒提要论》。原本还想逐一整理完琴川三家医案后，再把柳公宝诒的一些中医述著，以《惜馀医存》之名，进行整理并规划出版。但就在此时，我随丈夫移民加拿大。虽然到加拿大后仍执业中医，但总因生活、工作环境变动太大，原有的规划被搁置下来了。

所幸者,侄女鲍昭已于南京中医药大学本科、硕士毕业,现执业于无锡市中医院。我没有进行下去的医籍整理工作,也能靠她来继续进行下去。

这次《诸士良医案》的整理稿,承父亲鲍汉祖重新誊清,母亲柳蕴毅逐案校对。在此,我要表达对父母的感激之情。

这次三家医案的打印成集,希望会对有清一代苏常医派资料有所充实并有助于同道。

限于才识,其中差错,祈请阅者指正。

鲍为群于加拿大

7. 鲍昭

鲍昭是本书编纂者的孙女,柳宝诒的外昆孙女。毕业于南京中医药大学本科后,攻读硕士三年。导师是江苏名医骆天炯。现为无锡市中医院主治医师。医著有:一、整理清·柳宝诒著《温病条辨时方歌括》,打印成册。二、根据家中惜馀小舍原藏《柳致和堂丸散膏丹释义》和家藏丸散手抄本,合编《柳致和堂丸散膏丹释义》完整本,打印成册。三、整理柳宝诒首徒邓养初之医案,打印成《邓养初医案》。四、把常熟晚清名医金慎初内外科医案整理成书,编入常熟虞山医学流派丛书。将由江苏凤凰科学技术出版社出版。五、整理常熟晚清名医王羹梅的内外科医案,打印成册,已编入常熟虞山医学流派丛书《晚清四家医案》,2023年5月已由凤凰科学技术出版社出版。

鲍昭:《金慎初医案》前言

晚清民国时期,常熟中医,群贤济济。为使前贤手泽不致散佚,虞山学派资料得以充实,笔者于学习间隙,把王羹梅医案、金慎初医案作了初步整理。

《金慎初先生内外科医案》共三册，其中内科两册，外科一册，不分卷，9万多字。手抄本为后学门人王寿春手录。有关金慎初生平资料，仅见常熟《沈芳畦谈近代著名的中医遗闻轶事》中记载："金慎初，住虹桥下塘，练罗乡人。内外科。每日门诊甚为拥挤，乡人来城就诊者尤多。亦为当时邑中名医。传说，其始为百忍堂周姓司帐，一日，周姓命工掘古井，被获得久埋井底之硇砂一块，归而治外疡，辄应手愈，名乃大成。"记载中的"当时"，大约为清末民初时期。综观金氏医案，用"硇砂"的记录并不多。恐怕用硇砂疗疡故事，仅是传闻。

这次对金慎初医案的整理，以原抄本为底本，以病证证治和一般医案分类办法，归类调正了次序，标点断句，简体横排。其内容除个别错讹之处订正外，未作改动，一仍原貌。

限于时间及水平，其中错讹，恳望读者教正。

鲍昭：《王羹梅医案》前言

王羹梅医案，最早见到的是2010年由俞志高先生主编的《清代吴中珍本医案丛书刊·第四辑》中"王羹梅内外医科案"。医案约5万多字。俞先生在《整理说明》中写道："王羹梅履历及生卒年月均不详，也无资料可资考证。从医案风格及体例来看，当是清末时人。王氏医案，辨证措辞精妙，病因机制明白晓畅，处方用药稳妥老到，大有苏派医风。其治外科疾患，无论痰核流注，疔毒臁疮，均以内服方为治，而不以刀圭济之，若非有内科功底，则难以成竹在胸。"笔者家中亦藏有常熟新泾浜王羹梅医案手抄本一部，约18万字，由后学门人王寿春手录。经与俞先生整理的王氏医案核对，未发现有重复案例，当为另一抄本。

传统中医文献中，医案是一个重要的组成部分。中医医案不仅在临床实践中阐述并运用中医理论原则和诊治方法，而且通过对具体病案辨证论治思路的阐述，来展示医家的学术思想和独特的经验。学习医案，目的在于学习医家的临证思路、诊治技巧和用药经验，总结其中的成功经验和反面教训，从而能够理解知常达变的医道心法，进一步把握中医辨证论治的精髓，察知医家的心验机巧和病案的精要所在。领悟精华，借鉴活用，是学习医案的关键，也是提高临床医疗水平的有效途径。

有鉴于此，笔者利用学习暇余时间，仔细研读了王羹梅医案，并进行了文字方面的整理。王羹梅医案原稿以诊疗次序记录。这次整理中笔者尝试以疾患门类归类，所以调整了原稿的次序。

王羹梅医案，涉及内科、女科、儿科、外科。先生学识渊博，邃于医道。论病切理循经，用药随证化裁。内科案中，疟疾、虚劳症不少，医方君臣佐使，有章有法，无杂药乱投之弊。妇科，特别是妊娠，案方用药谨慎。儿科注重望诊，用药轻灵，以免矫枉过正。其治外科疾患，必先以内服方为消、托，外科内治，功底深厚。先生治急性病有胆有识，治慢性病有方有守，常以膏滋徐徐图之，所谓"急则治其标，缓则治其本"是也。医案中对疾病的发展趋势、预后及瘥后之医嘱，亦很重视。先生对香青蒿、银柴胡、煨木香、老苏梗、金沸草等诸药使用，极为纯熟。先生用药，必用道地药材，且重炮制。其何时用鲜药，何时要炒、要炙，何时带心、切片等取材选药，皆用心斟酌，至于鳖血拌青蒿，朱砂拌炒茯神等炮制手法，亦俱有讲究。

姑姑鲍为群早年毕业于南京中医学院。十年多前曾整理有常熟《诸士良医案》一部。此次，与笔者整理的《王羹梅医案》《金慎初医案》打印结集，使琴川三家医案，得以公开，使虞山医籍，得以充实并发挥其应有作用，亦属机缘也。

通过整理王、金两家医案，所获甚丰，对笔者中医药知识水平的提高，帮助巨大。现公之于众。诚盼读者有以教我。

鲍昭：《王羹梅医案》后记

望着书桌上我整理的《王羹梅医案》《金慎初医案》以及姑姑整理的《诸士良医案》这三十多万字的整理稿，心里既高兴又感慨良多。其所以感慨者，想王、金、诸三位杏林前贤，距今不过百年，但他们的生平事迹、医德医技，随着时光的流逝，也已近淹没无闻。幸好有这三部医案留存，我们还可概想他们在那个时代治病救人、造福梓乡的情况。细读医案，我们犹可想见先贤们诊疗时凝神静气、望闻问切、察病识证、立法用药的神态和气概。他们常常为膏丹奏功而得意，有时亦为药石无力而感叹。其所以高兴者，第一是为医案得见天日，可以告慰先贤著书之苦，流传之难；第二是通过这次整理、学习，我的中医知识水平与学习能力均得到了提高。

这次三家医案印刷成集，我要感谢爷爷奶奶、爸妈在我整理过程中所给予的鼓励和帮助。

这次整理的王、金、诸三家医案还未出版过。这次结集打印成册，如果能为同行提供一些可资研究、学习的资料，能为充实近代江南医派典籍做些努力，以有助于对江南医学流派学术思想研究，将是我们莫大的幸运。限于水平及时间，如有差错，恳望读者指正。

十、资料过眼录：群策群力　搜遗集珍

过眼录：

柳先生撰文书法信息，偶尔撞见，可惜一鳞半爪难成系统。记载评述柳先生的文章也很多。如果有更多人关心、研究柳先生，且把所得汇集一起，那先生的人生面貌行事轨迹，将更显充实，更显明晰。兹把所得零散信息，简记于下。

（一）江阴徐霞客《梧塍徐氏宗谱》中，有柳先生文章。

（二）江阴多姓的宗谱中，有柳先生诗文像赞。

（三）光绪廿六年（1900年），苏宗振修《澄江苏氏宗谱》，柳先生撰《锡之公传》《江川公传》等。

（四）序《叶选医衡》

光绪二十年甲午中秋前二日江阴后学柳宝诒书于琴川舟次。
（同序者有苏州名医、御医曹元恒沧洲）

　　　　　虞山缪尊联：《叶选医衡》序

……携归里门，适杨滨石太常养疴家居，假观逾月，凡字句讹阙处，逐一添注涂改，悉臻完善。请制弁言，则以医非夙习辞。维时以医道著名，继叶先生而代兴者，吴门则曹君智涵（沧州），澄江则柳君毂孙，均已乐为之序……

　　　　光绪二十年（1894年）甲午季秋，虞山缪尊联识于伊园

（五）某年五月端阳，门生放假过节，柳先生出一上联求对。

半夏当归，生地不如熟地好。

（一百年后，有一叫潘纲的人对出了下联：）

千金女贞，相思祁望使君归。

（八味药对，巧妙！）

（六）续修《四库全书》第1028册《柳选四家医案》

　　　　　　子部1005《温热逢源》

（七）白寿彝《中国通史》："后者则有柳宝诒的《柳选四家医案》……在医话方面，柳宝诒的《惜馀医话》，也属于这一时期有代表性的作品。"

（八）柳致和堂包药说明书

例：四神丸，木刻印于方形、长方形黄色牛皮纸上，有药名、功用、服法、地址、价格等说明。

（九）柳致和堂包药仿单附声明

除有与说明书相同内容外，背面还附声明：

乙卯（民国四年，1915年）

先祖冠群公为当代名医，著作风行海内，存心济世，创设本堂。道地精制，名驰遐迩。积毕生经验审定，一应丹丸，其秘制品类甚夥，不及备载。取阅本堂丸散膏丹释义，便知按症试服，奏效如神。而以著名秘制柳氏之圣济大活络丹、人参再造丸、保赤金丹等，尤有特殊之功能。奈晚近人心不古，冒牌伪造，渔利欺人。刻正密缉究办。爰特印 先祖遗像，以资鉴别。凡赐顾者请认明本堂附像仿单不误。

江阴周庄柳致和堂大房主人谨识（打大房图记章）

（十）南京中医药大学图书馆藏书目

1.《柳选四家医案》（惜馀小舍木刻本）编号3314
2.《惜馀小舍本继志堂》 3383 《环溪、爱庐》 3400
3.《柳宝诒医案》 3495
4.《增评柳选四家医案》 3318
5.《温热逢源》 3963
6.《温热逢源》王慎轩 手抄本 午1/473

金清桂《冬青医案》3547

（褚健民汇编 抄本 西13/49）

（十一）天津市医学图书馆

0032《黄帝内经素问》（致和堂刊）

（十二）全国中医图书联合目录

1. 北京图书馆《素问说意》二卷（1911年）抄本 00198
2. 北京图书馆《环溪草堂》三卷10224，柳宝庆抄本（139）
3. 北京中国中医研究院图书馆《柳选四家医案》抄本（139）
4. 成都华西医科大学图书馆《柳选尤氏医案》二卷10219（清抄本871）
5. 长沙湖南中医药大学图书馆《惜馀小舍医案》柳縠孙编（1900）10239抄本（839·A）
6. 南京图书馆清光绪抄本《缪氏医案》后附柳冠群方案

10268

  7. 上海中医药大学图书馆薛逸山《太湖流域各家验案》1926年抄本

  8. 苏州大学图书馆《惜馀医案》1927年抄本10449抄本（709）

  9. 苏州大学图书馆《金（清桂）氏医案》抄本（709）10477

  10. 辽宁省中医学院图书馆《金（清桂）氏医案》10477遗氏抄本

  11. 南京中医药大学图书馆《冬青医案》金清桂（兰升、石如）1927年104抄本（664）

  12. 04623《柳致和堂丸散膏丹释义》1899年

  己亥 致和堂刻本（8394）湖南中医药大学

  己亥 与善医局刻本（541）上海图书馆

  （509）上海中医药大学图书馆

  （701）苏州市图书馆

  13. 邓养初《临症心悟录》(1927年)抄本(409)上海中医药大学图书馆

  14. 江阴县革委会卫生局1977年10月编《老中医医案选编》，内有柳宝诒、邓养初、朱莘农等医案

  15. 无锡钱洲镇卫生院沈桂祥（朱良春门生）有《金兰升医案》一巨册。

  16. 江阴顾山镇老中医张礼纯有《柳冠群医案》上、下二卷。

  17.《惜馀医案》季从龙抄本藏常熟图书馆石梅古籍部

  18. 常熟图书馆有《续惜馀小舍医案》七卷（柳宝诒著，抄本）。

  19. 据《常昭合志》载：清代朱懋昭，字耘非，号琴川。其善医，用药只数味，而疗效甚佳，人称"朱八味"名闻邑中。曾集其平生治病所得经验及实例，著成医案。后经江阴名医柳宝诒

编辑为《琴川医案》刊于世，为医者所珍视。

20. 上海戏剧学院《中国现代戏剧理论批评书系》，凤凰出版社（2014年）内有柳民元等《戏剧作法》一书选入。

最后十二年事行年谱：

兹将柳先生从1888年到1901年间，凡见有年月记载者，依次排列于后。

清光绪十四年戊子（1888年）　四十八岁
五月辞官回江阴周庄，行医于"惜馀小舍"。
十月十二日，喜添孙子。子柳昌业生子柳作屏。

清光绪十五年己丑（1889年）　四十九岁
常熟金清桂入门从学。

清光绪十六年庚寅（1890年）　五十岁
创办柳致和堂药店于周庄。

清光绪十七年辛卯（1891年）　五十一岁
幼子昌绪生

清光绪十九年癸巳（1893年）　五十三岁
为金匮柳氏宗谱题签作序。

清光绪二十年甲午（1894年）　五十四岁

应常熟好友赵次公邀游半亩园。舟中作《叶选医衡》书序。

清光绪二十一年乙未（1895年） 五十五岁
定做处方笺，笺中水印"汉未央宫瓦当文"延年益寿"。
点勘王孟英《随息居霍乱论》并作序。

清光绪二十三年丁酉（1897年） 五十七岁
创建周庄宗言文社和义学。
现留存有惜馀小舍门诊录存丁酉第八册一册。

《温热逢源》："丁亥秋治塘市孙蕴之大令郎病"条中，丁亥可能是误记或误抄，那时柳先生在北京，不在家。可能是丁丑（1877年）或丁酉（1897年）——附记。

清光绪二十四年戊戌（1898年） 五十八岁
三月，治愈及门生金石如（清桂、兰升、冬青老人）伏温病
夏间，治愈黄村桥范养逵令郎三疟病。
七月，治愈长媳徐氏伏温热结胃腑证。

上三证具载入《温热逢源》为病案。

题星垣世弟《独立把卷图》。

清光绪二十五年己亥（1899年）　五十九岁
苏州俞樾为《柳致和堂丸散膏丹释义》署检。
同年，《释义》木刻出书。
定稿柳选爱庐医案一卷（七月）。

清光绪二十六年庚子（1900年）　六十岁
定稿《温热逢源》
定稿《柳选静香楼医案》二卷（二月）
定稿《柳选继志堂医案》二卷（八月）
定稿《柳选环溪草堂医案》二卷（九月）
初定《惜馀医案》手稿
是年四月，常熟翁同龢邀为其两侄诊病。（翁1898年开缺回籍）

是年十一月十一日（即1901年元旦。十二月初一为公历1901年1月20日，子夜即入1月21日）柳先生是年十分辛劳，竟于十二月初一子夜遽尔与世长辞，享年六十岁。葬一说砂山北麓，一说沙家巷。

柳宝诒故居中，"惜馀小舍"析产后归大房柳作屏，传柳民元，再析产属柳蕴强。后翻建。再后置换产权归周庄镇政府，属无锡市名人故居保护。2019年，江阴市政府同周庄镇政府对故居进行修葺，花巨资历时几年已竣工。因受新冠疫情影响，至今尚未布展对外开放。

附录：论文目录

[1] 曹永康.忆柳冠群先生[J].江苏中医,1958(7):30.

[2] 祝耀长.中医柳冠群先生纪实[J].江苏中医,1962(9):35-36.

[3] 薛盟.《柳宝诒医案》温病治验偶谈[J].中医杂志,1980(3):4-6.

[4] 王乐匋.柳宝诒对伏气温病的认识与发挥[J].浙江中医学院学报,1983（2）:5-8.

[5] 陆文彬.柳宝诒《温热逢源》及其学术思想初探[J].上海中医药杂志,1985(7):38-40.

[6] 杨德先.柳宝诒学术思想初探[J].江苏中医药杂志,1985(1):11-12.

[7] 吴文刚.试论清代"朴学"对《伤寒论》研究的影响[J].医学与哲学,1985（12）:30-32.

[8] 孟庆云.试论清代朴学对中医学的影响[J].成都中医学院学报,1985(1):32-34.

[9] 陈永灿.守正出新的浙江伤寒学派[J].浙江中医杂志,1985,53(5):313-315.

[10] 王邦才.柳宝诒"痰病治肝"述要[J].中医杂志,1986(11):65.

[11] 吴毅彪.《温热逢源》伏气理论初探[J].安徽中医学院学报,1986,5(1):9-11.

[12] 孔祥序.中西医汇通派鉴戒初论[J].成都中医学院学报,1987(1):40-43.

[13] 朱步先.食古期乎能化,裁制贵乎因时——柳宝诒学术思想探微[J].上海中医药杂志,1987(8):38-39.

[14] 黄煌.晚清名医柳宝诒及其学术成就[J].中华医史杂志,1987(1-4):21-23.

[15] 施仁潮.脱于困厄出于新奇——柳宝诒伏气温病理论探析[J].上海中医药杂志,1988(3):36-38.

[16] 邱丽瑛.柳宝诒《温热逢源》主要学术思想探要[J].江西中医药杂志,1988（3）:38-40.

[17] 黄明舫.浅谈柳宝诒《温热逢源》的学术思想.湖北中医杂志,1989(4):26-28.

[18] 张耀宗.柳宝诒生卒年代与事迹新证[J].南京中医学院学报,1989(2):54-49.
[19] 王邦才.柳宝诒杂病证治心法探要[J].江西中医药,1989(6):6-7.
[20] 侯恒太.苦研经旨覃思悟真——柳宝诒治疗伏气温病[J].上海中医药杂志,1990(1):38-40.
[21] 江一平.晚清江南名医柳宝诒生卒年考及其墨迹[J].上海中医药杂志,1990(5):44-45.
[22] 姚石安.柳宝诒诊治妇科病特色探析[J].江西中医药,1991,22(6):9-11.
[23] 张文彩.柳宝诒伏温学术思想浅识[J].国医论坛,1992(2):20-22.
[24] 戴祖铭.柳宝诒与翁同龢[J].浙江中医杂志,1994(8):2.
[25] 柳宝诒伏气暴感病原不同论[J].浙江中医杂志,1995(10):1.
[26] 黄兆强.古案新解——读《柳选四家医案》札记[J].中医文献杂志,1994(4):2.
[27] 林君平.论柳宝诒治疗伏气温病顾护阴液的学术思想[J].福建中医学院学报,1994,4(3):42-43.
[28] 喻平瀛.柳宝诒伏气温病辨治经验钩玄[J].浙江中医杂志,1994(6):2.
[29] 黎忠民.柳宝诒托法治伏温析要[J].四川中医,1995(7):5-6.
[30] 王广尧.读《柳宝诒医案》所想到的[J].吉林中医药,1995(2):1.
[31] 刘秀君.柳宝诒肝病用药经验九法钩玄[J].四川中医,1996,14(8):3-4.
[32] 朱敏.柳宝诒承气变法[J].江西中医药,1997,28(3):1.
[33] 陈传.试析柳宝诒肝风治验[J].中医文献杂志,1999(2):12-13.
[34] 玄振玉.浅述清代治学《黄帝内经》的特点[J].上海中医药大学学报,2002,16(2):14-17.
[35] 胡振义.试论柳宝诒学术思想及治温经验[J].江西中医药,2004,35(262):15-16.
[36] 张志枫.清代经学对中医学的学术影响[J].医古文知识,2004(1):12-15.
[37] 赖明生.柳宝诒攻下与存阴并用治疗温病验案举隅[J].吉林中医药,2005,25(9):49-50.
[38] 江一平.柳宝诒与《惜馀医案》[A]//中医药学术发展大会论文集,2005.
[39] 陈瑜.清代朴学对《内经》研究之影响[D].郑州:河南中医药大学.2006.
[40] 陈正平.柳宝诒《温热逢源》伏气温病学说述要[J].中国中医基础医学杂

志,2006,12(10):766-767.

[41] 张鑫.中医伏邪理论研究[D].济南:山东中医药大学,2006.

[42] 陈爱平.江南名医柳宝诒治肾病验案评按[J].河南中医,2007,27(3):30-31.

[43] 郝斌.伏气学说的源流及其理论的文献研究[D].北京:北京中医药大学,2007.

[44] 王柳青.古代伏邪理论的发展史研究[D].北京:中国中医科学院,2009.

[45] 黄炜.柳宝诒膏方举隅[A]//中华中医药学会.首届全国膏方理论与临床应用学术研讨会论文集,2009:3.

[46] 黄波.晚清名医柳宝诒膏方病案浅析[A]//中华中医药学会.首届全国膏方理论与临床应用学术研讨会论文集,2009:3.

[47] 万芳.清代中医文献特点与医学发展[D].北京:中国中医科学院中国医史文献研究所,2009.

[48] 阳春林.乾嘉汉学对清代中医学发展的影响[D].湖南:湖南中医药大学,2009.

[49] 赵红艳.试论喻昌《尚论篇》对《伤寒论》的发挥[J].山西中医,2010,26(7):58-59.

[50] 龙奉玺.关于《喻昌医学三书》之研究[J].江西中医学院学报,2010(4):16-17.

[51] 张晓东.柳宝诒虚损病案用药法[A]//中华中医药学会会议论文集,2010:122-123.

[52] 刘纳文.柳宝诒论治伏温特色探析[J].中医杂志,2010,51(8):762-763.

[53] 刘畅.晚清名医柳宝诒制药特色浅析[J].中医文献杂志,2010,(6):9-12.

[54] 刘畅.柳宝诒其人、其学与其书[J].中医药文化,2010(6):48-50.

[55] 刘纳文.柳宝诒治温特色钩玄[J].江西中医药,2010,42(4):14-16.

[56] 刘畅.柳宝诒论治杂病辑要[J].上海中医药杂志,2010,44(11):26-29.

[57] 梁慧凤.江阴籍旅沪医家对近代上海中医教育的贡献[J].中医药文化,2011(6):33-35.

[58] 花海兵.江阴近代中医流派述略[J].江苏中医药,2011,43(8):72-74.

[59] 顾植山.龙砂医学流派概要[J].江苏中医药,2012,48(10):68-71.

[60] 章荣.读《柳宝诒医案》有感[J].中医药导报,2012,18(10):106-107.

[61] 顾植山.江南杏林一奇葩——龙砂医学概说[J].中医药文化,2012(4):22-26.

[62] 费振钟.谁与评说[N].东方早报,2013-9-7.

[63] 刘佳衡.《柳宝诒医案》诊治特色浅析[J].江西中医药杂志,2013,45(3):9-10.

[64] 张家玮.《柳选四家医案》学习方法举要[J].世界中西医结合杂志,2014,9(9):1001-1003.

[65] 顾植山.从五运六气分析H7N9禽流感的中医药防治[N].中国中医药报,2013-4-22.

[66] 陆睿沁,范莉峰,陆阶阳,等.龙砂医学流派名医十家简介[J].中医药文化,2014(6):41-45.

[67] 陶国水."龙砂膏滋"说源[N].中国中医学报,2015-11-06(4).

[68] 蒋锋利.尤怡《伤寒贯珠集》探析[J].吉林中医药,2015,35(1):91-94.

[69] 岳冬辉.柳宝诒《温热逢源》论治伏气温病的特色[J].中医杂志,2015,56(19):1704-1707.

[70] 刘衡.清朝《黄帝内经》古籍版本研究概况[J].湖南中医杂志,2015,31(3):143-145.

[71] 陈媛.清代本草著作有关训诂之研究[D].北京:北京中医药大学,2016.

[72] 陈昱良.明清学术视野下的伤寒学研究[D].北京:中国中医科学院,2016.

[73] 谢永贵.浅析《温热逢源》中的升降出入辨证[J].山西中医学院学报,2017,18(5):9-10.

[74] 顾植山.无限情深无尽教诲[N].中国中医药报,2017-8-16(008).

[75] 袁保.袁士良"清化法"溯源与应用[J].中国中医基础医学杂志,2017,23(4):458-459.

[76] 肖毅.清代考据学对温病学形成发展研究[D].北京:北京中医药大学,2017.

[77] 刘哲.中医理论的发展特点及其思想文化基础研究[D].北京:北京中医药大学,2017.

[78] 高晞.中西医汇通的近代史研究——《中医药文化》首届学术工作坊纪要[J].中医药文化,2017(3):8-13.

[79] 周雨婷.乾嘉吴派对中医学的影响研究[D].南京:南京中医药大学,2018.

[80] 王键.梳理源流而究根本 汇集众长以臻大成——品读《〈黄帝内经〉百年研究大成》[J].中医药文化,2018,13(4):92-96.

[81] 中医古籍出版社重印《文渊阁四库全书子部医家类》[J].中医杂志,2018,59(13):1-1149.

[82] 宁百乐.近代岭南伤寒学派的发展概要与学术探析[J].中华中医药杂志,2018,33(8):3262-3264.

[83] 王丽.《柳宝诒医案》学术思想及用药特色探究[J].湖南中医杂志,2018,34(8):149-151.

[84] 顾鸣佳,缪志伟,高磊平.《柳宝诒医案》经方运用特色赏析[J].上海中医药杂志,2019,53(8):46-48.

[85] 花海兵,龚伟,陈正平.柳宝诒《惜馀医案》诊治特色浅析[J].中医药导报,2019,25(11):75-77.

[86] 吴清梅,鲁玉辉.柳宝诒助阴托邪法探析[J].中国中医基础杂志,2019,25(2):243-245.

[87] 谬志伟,顾鸣佳,叶柏.柳宝诒应用托邪法举隅[J].中华中医药杂志,2019,34(9):4377-4379.

后 记

　　作为柳宝诒先生的后辈，凡有关先生的行谊，虽片言只语，都很关注并记录。几十年来，所得不多。本没有编纂年谱的奢望。只是近年，女儿鲍为群、孙女鲍昭都默默钻研中医业务，勤于整理先人遗著，深受激励，除协助誊写校对之外，亦思把几十年所记所得，作一整理，初拟"事迹点滴"，继改"生平事略"，最后斗胆尝试称谓先生年谱。知道作为年谱所缺太多，跳跃跨度太大，尚不能逐年有记。只是打算先定一骨架，肉皮之丰，俟之年月。凡搜集所得可据此底谱逐年逐事添补，集腋成裘，此其思也。

　　本年谱所引资料，均抄摘原文，不作改动，也不对某些事件作考订或辨误。而且，由于资料来源不一，对同一事件，不同作者的记叙与事实或可能会有些出入，看法或也会有差异之处，编纂时尽力甄别，选用真实或正确的编入年谱正文。凡引用年谱资料者，望能详加鉴别。

　　大凡对年谱感兴趣者，即是对谱主感兴趣也。在同好者见之，虽杂乱自能称赞，在不事考证者见之，往往以为繁琐，此亦见仁见智之异。有用者自能取其所需而巧思摘用。

　　材料繁杂，又不谙电脑，每一字均为手录后编排，年岁虽不高，但记忆力仅为年轻时的十不足一，难免笔误抄错，敬望教正。

宝诒公玄孙女柳蕴毅（时年八十三岁）
婿鲍汉祖（时年八十四岁）
2023年7月